Friedrich Wilhelm Henkel
Wolfgang Schmidt

Agamen im Terrarium

Friedrich Wilhelm Henkel
Wolfgang Schmidt

Agamen im Terrarium

Landbuch
Verlag

Hinweis

Alle in diesem Buch enthaltenen Angaben, Daten, Ergebnisse etc. wurden von den Autoren nach bestem Wissen erstellt und von ihnen und dem Verlag mit größtmöglicher Sorgfalt überprüft. Eine Verantwortung und Haftung für etwaige inhaltliche Unrichtigkeiten kann jedoch nicht übernommen werden. Der Haftungsausschluß gilt nicht, soweit nach dem Produkthaftungsgesetz für Personen- und Sachschäden gehaftet wird.

Jeder Leser muß beim Umgang mit den genannten Lebewesen, Stoffen, Materialien, Geräten usw. Vorsicht walten lassen, Ratschläge erfahrener Fachleute bzw., Gebrauchsanweisungen und Herstellerhinweise beachten sowie den Zugang für Unbefugte verhindern.

Die Hinweise zur Behandlung von Krankheiten dürfen keineswegs als Aufforderung zur Ausführung durch den Laien selber aufgefaßt werden. In erster Linie ist immer der Tierarzt zuständig (die DGHT gibt Auskunft über Reptilien-Spezialisten), der bei verschreibungspflichtigen Mitteln in jedem Fall hinzugezogen werden muß.

Wer sich direkt mit den hier vorgestellten Lebewesen beschäftigen will, muß dabei das Washingtoner Artenschutzabkommen, die Bundesartenschutzverordnung sowie verwandte Verordnungen, Gesetze usw. beachten. Verbindliche Auskunft erteilen die Naturschutzbehörden.

Fotos: Uwe Bartelt, Dinslaken: S. 29, 85, 121 u.
Prof. Dr. Wolfgang Böhme, Bonn: S. 81 u., 108, 129 u.
Peter Heimes, zur Zeit Neu-Delhi: S. 69, 84
Friedrich Wilhelm Henkel, Bergkamen: S. 13, 37, 65, 76 (2), 77 (2), 80, 89, 93, 96 u., 97, 100, 101, 104, 105 (2), 112 o., 117 (2), 133 o., 136 (2), 145
Felix Hulbert, Eltville: S. 73 o., 140 o.
Horst Juschka, Düsseldorf: S. 124
Wolfgang Kittig, Castrop-Rauxel: S. 133 u., 144 u.
Peter Klaas, Köln: S. 17, 92 o.
Michael Knöthig, Borken: S. 12 u., 68 u.
Klaus Liebel, Herne: S. 88, 109 o.
Dr. David Modry, Tschechien: S. 73 u., 128, 129 o.
Wolfgang Schmidt, Soest: S. 28, 32 (2), 61 (2), 64, 68 o., 72 o., 81 o., 92 u., 96 o., 112 u., 113, 116, 120, 125 (2), 141 u., 144 o.
Jan Votypka, Tschechien: S. 141 o.
Thomas Wagner, Bonn: S. 72 u.
Jörg Wittenberg, Hamburg: S. 137, 140 u.
Roland Zobel, Herne: S. 12 o., 109 u., 121 o.

Sämtliche Zeichnungen: Marianne Hoffmann

Lektorat: Dr. Helge Mücke, Hannover
Gesamtherstellung: Landbuch-Verlag GmbH, Hannover

ISBN 3 7842 0461 9

Inhalt

Geleitwort

Eine beträchtliche Zahl von Echsenfamilien hat bereits eine umfassende und reich bebilderte Bearbeitung und Darstellung in Buchform erfahren, geschrieben von Liebhabern für Liebhaber und Amateurherpetologen. Zwei bewährte Autoren haben sich hier speziell einen Namen gemacht, der für langjährige Erfahrung und Kompetenz im Bereich der Geckos und Chamäleons, aber auch der Leguane steht: Friedrich Wilhelm Henkel und Wolfgang Schmidt. Nun ergänzen sie die Reihe ihrer terrarienkundlichen Echsenbücher mit dem vorliegenden Band über Agamen, einer Familie, die mit den Leguanen und Chamäleons aufs engste verwandt ist; mit letzteren sogar so eng, daß sie nur knapp einem amerikanischen Versuch der „Zwangsvereinigung" entging: zwei dortige Zoologen wollten ihnen nur den Rang einer Unterfamilie innerhalb der Chamäleons zubilligen.

Dieser teils subjektive und für den Praktiker scheinbar bedeutungslose Meinungsstreit zeigt aber symptomatisch, wie wenig wir tatsächlich über die in Rede stehenden Tiere wissen. Zu ihrer ganzheitlichen Beurteilung als natürliche Einheit der Evolution gehört zweifellos die Kenntnis all ihrer Merkmale, sei es der Körperbau, die physiologische Leistungsfähigkeit, seien es die mannigfaltigen Anpassungsleistungen, mit denen die von der Umwelt gestellten Probleme gemeistert werden.

Agamen sind eine altweltliche Tiergruppe, deren ursprünglichste Vertreter, äußerlich erkennbar am Beibehalten von Femoralporen, in Südostasien und Australien leben (Schmetterlingsagamen, Wasseragamen und Segelechsen). Eine gleichfalls ursprüngliche Gruppe, die der vegetarischen Dornschwänze, konnte über den saharo-indischen Wüstengürtel bis an die afrikanische Atlantikküste vordringen. Die Haupt-Entfaltungsgebiete der Agamen, in denen sie den größten Arten- und Formenreichtum entwickelten, liegen jedoch in Australien und in Südostasien, wo sie in Gestalt des dornigen Molochs der australischen Wüsten oder der die Wasseroberfläche querenden Segelechsen verblüffende Parallelen zu den Leguanen der Neuen Welt hervorgebracht haben; mit den einzigartigen Flugdrachen haben sie jene an Anpassungsleistung noch weit übertroffen.

Die Agamen verdienen es also, daß man sich intensiv mit ihnen und ihrer Biologie beschäftigt. Bei manchen als schwierig züchtbar geltenden Gruppen wie den Flugdrachen oder auch den Dornschwänzen sind gerade in den letzten Jahren große Erfolge sichtbar geworden. Daß solche neuen Erfahrungen einerseits einer größeren Leserschaft bekannt gemacht werden, andererseits aber auch auf weitere Agamengruppen ausgedehnt und erweitert werden können, ist das Hauptziel des vorliegenden Buches. Daß es dieses Ziel erreicht, erscheint mir angesichts der Bemühungen von Autoren und Verlag um reichen Informationsgehalt und attraktive Ausstattung sicher zu sein.

Bonn, im Frühjahr 1997

Prof. Dr. Wolfgang Böhme

Vorwort

Die Echsen aus der Familie der Agamidae erfreuen sich bereits seit den Anfängen der Terraristik einer außerordentlichen Beliebtheit. Dies liegt wohl vor allem daran, daß die Agamen eine überaus interessante und vielgestaltige Familie darstellen. Trotzdem sind sie in der herpetologischen Literatur und vor allem auch in der terraristischen stark vernachlässigt worden.

Wir wollen mit diesem Buch diese Lücke ein wenig schließen, hat doch gerade die in letzter Zeit von zahlreichen Wissenschaftlern und insbesondere auch Terrarianern in den natürlichen Verbreitungsgebieten dieser außergewöhnlich interessanten Echsen betriebene Feldforschung den Wissensstand mittlerweile auf ein recht hohes Niveau gebracht. Dies wirkt sich besonders auf die Terrarienpraxis aus, aus der von immer mehr Arten Haltungs- und Zuchterfolge bekannt werden. Allerdings kann es sich bei unserem Buch nicht um eine Enzyklopädie mit dem Anspruch auf Vollständigkeit handeln.

Bedanken möchten wir uns an dieser Stelle beim Landbuch-Verlag – der uns mit dieser Veröffentlichung die Möglichkeit gab, eigene praktische Erfahrungen und die aus der Literatur gewonnenen Erkenntnisse einem breiteren Publikum zugänglich zu machen – und seinem Lektorat für die vertrauensvolle Zusammenarbeit.

Unser Dank gilt auch den zahlreichen Terrarianern, die durch wertvolle Informationen und Erfahrungen sowie durch das Überlassen ihrer Aufnahmen maßgeblich zum Zustandekommen dieses Buches beigetragen haben.

Ganz besonders erwähnt seien folgende, in alphabetischer Reihenfolge genannte Personen: Uwe Bartel, Dinslaken; Achim Breuer, Neuss; Dr. Hubert Bosch, Aquazoo Düsseldorf; Felix Hulbert, Eltville; Matthias Gockel, Selm; Peter Heimes, zur Zeit Neu-Delhi; Sebastian Heinecke, Wuppertal; Arnd Herkenberg, Wuppertal; Dr. Hans Werner Herrmann, Aquarium am Kölner Zoo; Peter Hoch, Waldkirch; Markus Juschka, Düsseldorf; Peter Klaas, Köln; Michael Knöthig, Borken; Wolfgang Kittig, Rolf Leptin, Alveslohe; Castrop-Rauxel; Klaus Liebel, Herne; Rüdiger Lippe, Dortmund; Ulrich Manthey, Berlin; Dr. Michael Meyer, Herne; Dr. David Modry, Universität Brno, Brno (CZ); Veronika Müller, Soest; Petr Necas, Universität Brno, Brno (CZ); Joachim Sameit, Bergkamen; Erwin Schröder, Kiel; Harald Simon, Anröchte; Rainer Stockey, Hagen; Jürgen Thoenes, Wachtendonk; Jan Votypka, Universität Brno, Brno (CZ); Dieter Vogel, Frankfurt; Thomas Wagner, Bonn; Rudolf Wicker, Exotarium Frankfurt; Jörg Wittenberg, Hamburg, und Roland Zobel, Herne.

Ganz besonders bedanken möchten wir uns bei Herrn Prof. Dr. Wolfgang Böhme, Museum Alexander Koenig, Bonn, für die kritische Durchsicht des Manuskripts und zahllose Hinweise, ebenso bei Herrn Dr. Michael Meyer, Herne, für das Übersetzen wichtiger Literatur und die kritische Durchsicht des Manuskripts.

I. Lebensweise, Habitus und Vorkommen der Agamen

Die Agamen bilden heute mit mehr als 320 Arten eine große, in der Regel recht gut bekannte, überwiegend tagaktive Echsenfamilie. Betrachtet man jedoch die Vielgestaltigkeit dieser Tiere einmal etwas genauer, so fällt sofort auf, daß sich die Frage nach der Familienzugehörigkeit bei keiner anderen Echsenfamilie so sehr stellt, wie bei ihnen (zusammen mit den Leguanen). Denn es fehlen einwandfreie und äußerlich gut erkennbare Merkmale, die eine zweifelsfreie Zuordnung zu dieser Echsenfamilie ermöglichen würden.

Zur Abstammung und Systematik

Über die genaue Entwicklungsgeschichte der Familie im ganzen lassen sich nur Vermutungen anstellen. Es scheint jedoch recht sicher, daß die Urheimat dieser Echsen im indonesischen Inselraum und auf dem Festland Südostasiens lag. Die ältesten fossilen Funde stammen aus Ablagerungen der Oberen Kreidezeit.

Aber nicht nur der Ursprung ist noch weitgehend ungeklärt, auch die verwandtschaftlichen Beziehungen der einzelnen Gattungen untereinander und der ganzen Familie zu den Chamäleons und den Leguanen bedürfen noch weiterer Klärung.

Sicher ist, daß die Familie der Agamen zur Klasse der Kriechtiere (Reptilia) gehört und dort genauer zur Ordnung der Schuppenkriechtiere (Squamata). Diese Ordnung gliedert sich wiederum in zwei Unterordnungen, Schlangen (Serpentes) und Echsen (Sauria). Zur letzteren – und dort zur Zwischenord-nung der Leguanartigen (Iguania) – gehört die Familie der Agamidae.

Die Agamen sind eine altweltliche Echsenfamilie. Vergleicht man sie mit den ebenfalls meist tagaktiven Leguanen der Neuen Welt, so könnte man vom äußeren Erscheinungsbild auf eine enge verwandtschaftliche Beziehung zu dieser Familie schließen. Dies ist jedoch nicht der Fall (MOODY, 1980), wie der Blick auf ihr Gebiß bestätigt. Leguane besitzen wie die meisten übrigen Echsen Zähne, die einzeln an der Innenseite der Kiefer eingesenkt sind. Man bezeichnet diese Zahnstellung als seitlich eingesetzte oder „pleurodont".

Im Gegensatz dazu weisen die Agamen eine modernere Zahnanordnung auf, sie besitzen ein sogenanntes „akrodontes" Gebiß. Dies bedeutet, daß die meisten ihrer Zähne genau auf der Oberkante des Kiefers stehen und nicht mit diesem verwachsen sind. Die Zähne berühren sich untereinander sehr eng, so daß sie eine zusammenhängende Zahnleiste bilden. Dies alles hat zur Folge, daß bei Agamen nach dem Verlust eines Zahnes dieser – im Gegensatz zu den Leguanen – nicht wieder nachwächst.

Es wird allgemein angenommen, daß die Agamen sehr nahe mit den Chamäleons verwandt sind, da diese ebenfalls eine akrodonte Zahnstellung besitzen. Beide Familien wiederum stehen den Leguanen sehr nahe, mit denen sie die Zwischenordnung der Leguanartigen (Iguania) bilden. Weitere anatomische Unterscheidungsmerkmale, die aber für den Terrarianer keine Bedeutung haben, sind die weiter fortgeschrittene oder vollständige Reduktion der Lacrymalia

(Tränenbeine) und der Gaumenbezahnung sowie der weitergehende Verlust der Regenerationsfähigkeit des Schwanzes bei den meisten Arten und andere ebenfalls nur graduelle Unterschiede.

Eine extreme Auffassung bzgl. der systematischen Einordnung vertraten jüngst FROST & ETHERIDGE (1989). Sie lösten die Familie der Iguanidae in 8 selbständige Familien auf, während sie gleichzeitig die Agamidae zu einer Unterfamilie der Chamäleons degradierten. Eine ausführliche Kritik dieses Konzepts findet sich bei BÖHME (1980). Richtig ist wohl nur, daß es einige Leguangruppen gibt, wie zum Beispiel die Anolinae, die eventuell tatsächlich näher mit den altweltlichen Agamen und Chamäleons als mit anderen Leguanen verwandt sind. Es ist aber noch viel Forschungsarbeit nötig, um ein klares Bild der verwandtschaftlichen Evolution zeichnen zu können.

Wir nehmen hier daher einen eher konservativen Standpunkt ein und belassen die Agamen in einer eigenen Familie.

Aber nicht nur der Familienstatus ist umstritten, die Unstimmigkeiten ziehen sich durch die Gattungen bis auf die Unterartebene. Je nach Autor werden die Agamen in 34 bis 53 Gattungen eingeteilt. Ferner fehlt eine durchgegliederte, begründete Einteilung in Unterfamilien.

Verbreitung und Biotop

Die Familie der Agamidae besitzt ein riesiges Verbreitungsgebiet, welches sich ganz grob als altweltlich charakterisieren läßt. Man findet Vertreter dieser Echsengruppe bereits im südöstlichen und östlichen Europa, weiterhin in fast ganz Asien mit Ausnahme der allzu kühlen, nördlichen Gebiete, in ganz Afrika mit Ausnahme großer Teile Zentralafrikas, eines Küstenstreifens in Südwestafrika sowie auf Madagaskar und den Komoren – dort kommen völlig isoliert von ihren eigentlichen Verbreitungsgebieten echte Leguane vor (vgl. SCHMIDT & HENKEL 1995) –; schließlich leben Agamen im indo-australischen Archipel

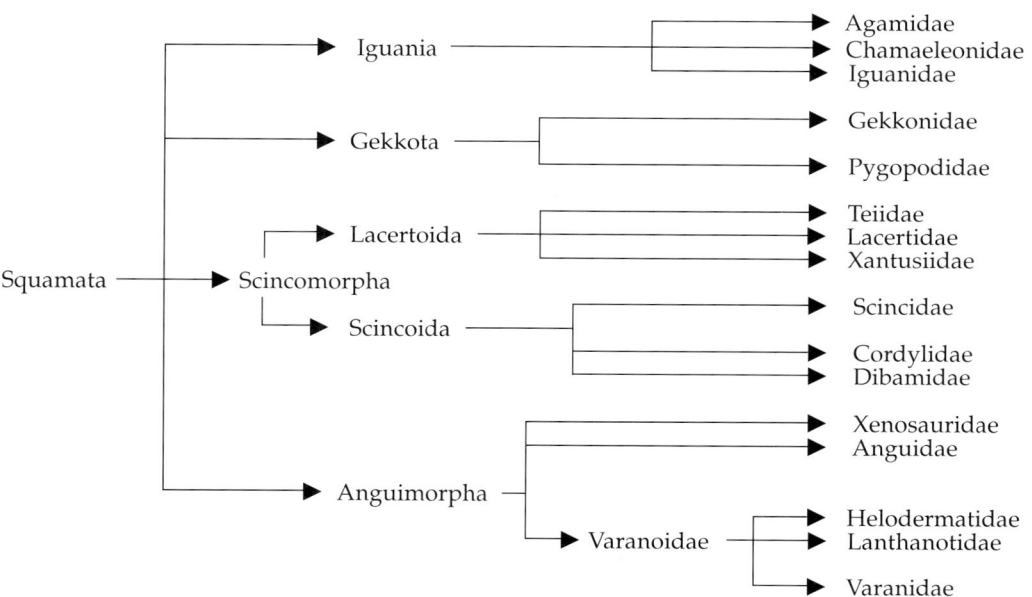

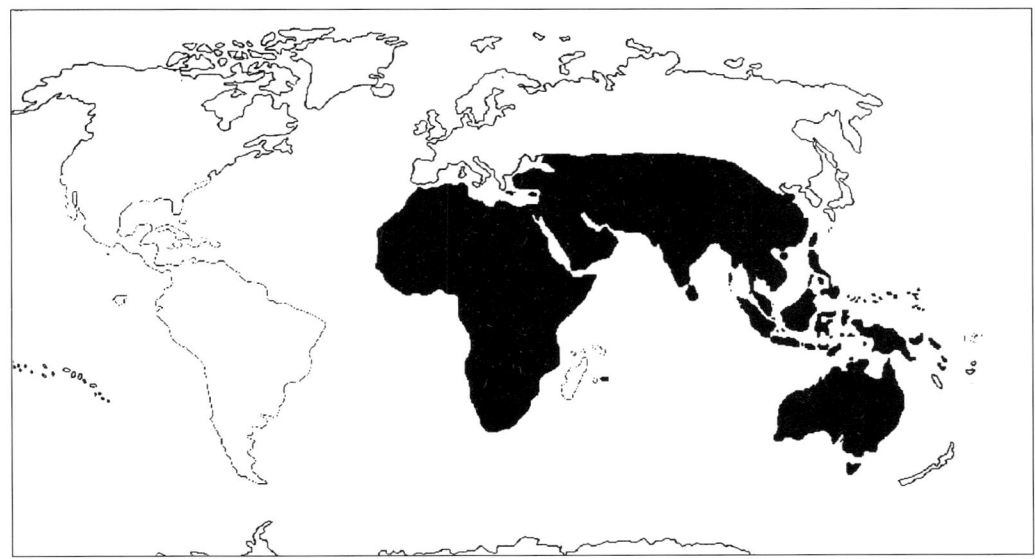

Vorkommen und Verbreitung der Agamen.

und in Australien. Im Südpazifik bewohnt die Winkelkopfagamenart *Gonocephalus godeffroyi* die Fidschi-Inseln, wo es übrigens zu der einzigen bekannten Sympatrie zwischen Agamen und Leguanen kommt.

Innerhalb dieses riesigen Verbreitungsgebietes haben sich die Agamen den unterschiedlichsten Bedingungen und Lebensräumen angepaßt, was auch Ausdruck in der enormen Vielfalt an Arten und Formen findet. Nahezu alle Lebensräume mit Ausnahme des Meeres werden von ihnen bewohnt. Man findet die Agamen also in den unterschiedlichsten Großlebensräumen, von der an sich eher lebensfeindlichen Wüste bis hin zu den immer feuchten Regenwäldern.

Das fängt an bei den eher Steppen bewohnenden europäischen Arten, die das südöstliche Mittelmeergebiet (etwa von Korfu über Griechenland bis zur Türkei) besiedeln und dort an fast jedem Zaun, an den Legsteinmauern, aber auch an Bäumen und Felsen in großer Anzahl zu finden sind, oder den eher asiatischen Arten, deren Verbreitungsgebiete im

Westen durch die Steppen am Ostrand Europas begrenzt werden.

Reist man durch die Wüsten und Steppen des südlichen Afrika, so ist es immer wieder ein eindrucksvolles Bild, die großen, leuchtend gefärbten Männchen von Tieren der Gattung *Agama* auf ihren Felsen thronend beobachten zu können. Diese Tiere besitzen an sich eine beträchtliche Fluchtdistanz, haben sich aber mancherorts so sehr an den Autoverkehr gewöhnt, daß man sich ihnen im Wagen bis auf wenige Meter nähern kann.

Einer von vielen Spezialisten, die in den trockensten Wüsten der Erde leben, ist der Wüsten- oder Dornteufel *(Moloch horridus)*, die wohl am besten an diesen Lebensraum angepaßte Echse überhaupt. Der gesamte Körper dieser die Wüsten Zentralaustraliens bewohnenden Echse ist mit riesigen Stachelschuppen bedeckt. Um in dieser Umgebung zu überleben, muß die Art jede vorhandene Feuchtigkeit aufnehmen können. Normalerweise dringt der geringe Niederschlag rasch in den trockenen Wüsten-

△ Lebensraum vieler Agamen im Norden Australiens.

▽ Savannenlandschaft in Ostafrika. ▷ Typischer Lebensraum von asiatischen Regenwaldagamen.

boden ein und ist dann für die an der Oberfläche lebenden Agamen verloren. Doch beim Wüstenteufel und auch bei einigen Krötenkopfagamen *(Phrynocephalus)* sind die Schuppen so angeordnet, daß das Wasser durch Kapillareffekte zum Maul geleitet wird. So können die Tiere sowohl Tau als auch Nebel zur Feuchtigkeitsaufnahme nutzen. Dieser Vorgang wird auch als Regenwasserernte (rain-harvesting) bezeichnet und ist für die Pflege im Terrarium bedeutsam, denn einige Krötenkopfagamen trinken nicht aus Wasserschalen etc., sondern benötigen am besten frühmorgens ein kurzzeitiges Überbrausen des Terrariums, wobei sie Sprühwassertropfen aufnehmen und Wasser über die Haut resorbieren können.

Einige Arten, wie die Wasseragamen der Gattungen *Physignathus* und *Lophognathus,* aber auch die Segelechsen der Gattung *Hydrosaurus* haben sich hervorragend dem Leben am Rand der Gewässer angepaßt. Die meiste Zeit des Tages verbringen sie ruhend im Geäst über dem Wasser. Sobald sie sich bedroht fühlen, ergreifen sie die Flucht, indem sie zu Boden springen und davonlaufen. Einige Arten – etwa wie *Physignathus lesueurii* – richten zum Sprint den Oberkörper schräg nach oben und rennen nur auf den Hinterbeinen, oder sie springen ins Wasser, um dort 90 bis 120 Minuten unterzutauchen. Diese guten Tauchzeiten erreicht *Physignathus lesueurii* nur aufgrund zahlreicher spezieller Anpassungen. So kann die Art bis zu 15 Prozent ihres CO_2-Ausstoßes über die Haut an die Umwelt abgeben und somit eine Anreicherung im Blut vermeiden.

Eine Hautatmung, wie wir sie beispielsweise von den Amphibien kennen, ist jedoch nicht möglich.

Andere Arten, wie beispielsweise die Winkelkopfagamen, sind reine Regenwaldbewohner, die auf dem Boden oder im unteren Stammbereich der Regenwälder leben.

Aufgrund der vielfältigen Lebensräume und der unterschiedlichen klimatischen Bedingungen sind genaue Kenntnisse des Herkunftsortes unumgänglich.

Körperbau und Besonderheiten

In der Regel handelt es sich bei den Agamen, wie schon gesagt, um tagaktive, recht vielgestaltige Echsen mit einer oftmals rauhen Beschuppung, gut entwickelten Gliedmaßen und einem häufig leicht gerundeten Kopf. An ihrem akrodonten Gebiß lassen sich manchmal eckzahnähnliche, pleurodonte Zähne unterscheiden. Die Zunge ist kurz und fleischig.

Die enorme Vielgestaltigkeit zeigt sich nicht nur an den Unterschieden zwischen den einzelnen Arten, sondern kann auch geschlechts- oder altersspezifisch ausgeprägt sein. Deshalb kann es unter Umständen große Schwierigkeiten bereiten, die Art und das Geschlecht einer jungen Agame zu bestimmen.

Die auffälligsten Merkmale überhaupt bilden wohl die Schnauzenfortsätze und Hörner, aber auch die teilweise riesigen Dornenschuppen am Hinterkopf und die meist farbenfrohe Kehlwamme zahlreicher baumbewohnender Arten. Einmalig sind die mit Stachelschuppen besetzten Ränder großer Hautfalten im Mundwinkelbereich von *Phrynocephalus mystaceus.* Diese Art kann, wenn sie sich bedroht fühlt, die Hautfalten durch Hineinpressen von Blut bartartig abspreizen, um somit den Kopf optisch zu vergrößern. Auf diese Weise versuchen sie, Prädatoren (Beutegreifer) wie beispielsweise Schlangen zu täuschen, da diese ihre Beute nur verschlingen können, wenn sie nicht zu groß ist.

Einen ähnlichen Körperfortsatz besitzt auch die Kragenechse *Chlamydosaurus*

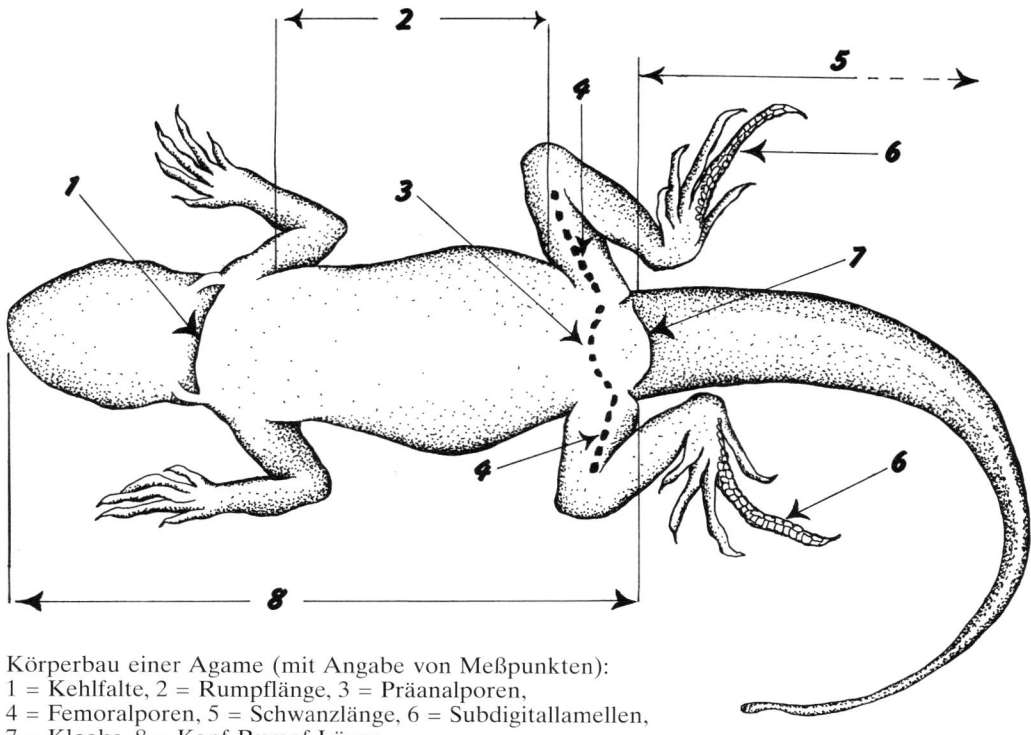

Körperbau einer Agame (mit Angabe von Meßpunkten):
1 = Kehlfalte, 2 = Rumpflänge, 3 = Präanalporen,
4 = Femoralporen, 5 = Schwanzlänge, 6 = Subdigitallamellen,
7 = Kloake, 8 = Kopf-Rumpf-Länge.

kingii. Ihr Name stammt von einer riesigen Hautfalte unterhalb und seitlich des Kopfes, die von zu „Rippen" umgebildeten knorpeligen Fortsätzen des Zungenbeins getragen wird und mit sehr großen gekielten Schuppen bedeckt ist. Zum Imponieren, aber auch wenn sie sich bedroht fühlt, spreizt die Echse nun ihren Kragen durch Öffnen des Mauls ab. Bei einem erwachsenen Männchen kann dieses Gebilde einen Durchmesser von bis zu 30 cm erreichen.

Einen ähnlichen Mechanismus besitzen auch die Bartagamen. Mit Hilfe ihres Zungenbeinapparates können sie die meist farbig abgesetzte und stachelige Kehle wie einen Bart abspreizen.

Man vermutet, daß diese Kopf- und Körperanhänge in erster Linie der Arterkennung dienen. So sollen die Weibchen zu ihnen passende Männchen leicht und zweifelsfrei erkennen können.

Daneben dienen sie aber sicher auch zur Tarnung und zur Verteidigung.

Ebenfalls der Artunterscheidung dienen die sehr unterschiedlichen Körperkämme. So kann der Rückenkamm bei der einen Art vom Kopf bis auf den Schwanz durchgehend ausgebildet und bei einer anderen in einen Nacken-, Rücken- und Schwanzkamm unterteilt sein. Oftmals besteht er aus einfachen, mehr oder weniger dicht aneinander gereihten Kegelschuppen, teilweise auch aus riesigen Stacheln oder aus lanzenförmigen Schuppen, so daß die Tiere an Drachen und andere Fabeltiere erinnern.

Der meist lange und kräftige Schwanz ist in der Regel grob beschuppt und dient häufig den Systematikern als Unterscheidungsmerkmal. Er besitzt die unterschiedlichsten Aufgaben. So kann er als Gegengewicht beim Laufen, als

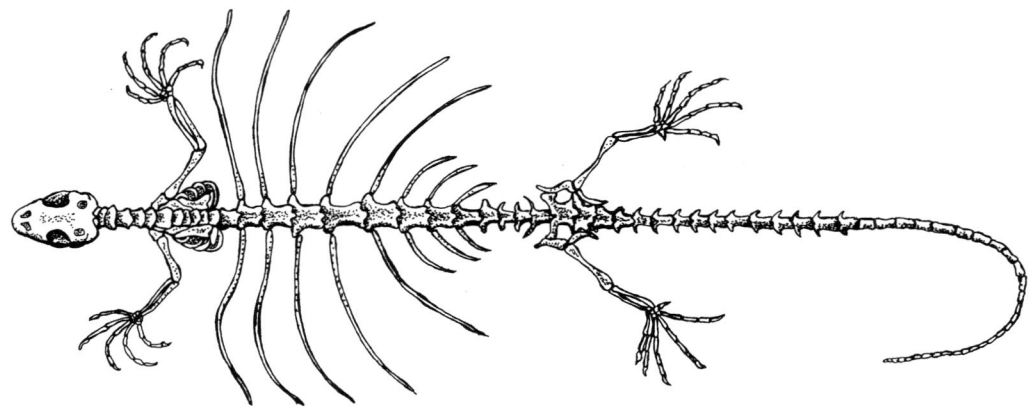

Typisches Skelett eines Flugdrachen, *Draco.*

Antrieb beim Schwimmen und als Peitsche zur Verteidigung eingesetzt werden.

Den eindrucksvollsten Schwanz besitzen die Segelechsen. Sie haben Schwanzkämme aus einem Hautsaum bestehend, die sie wie ein Segel auf der Schwanzoberseite aufspannen können. Ferner besitzen diese interessanten Echsen, wie auch die bekannten amerikanischen Basilisken (Leguane), an den Zehen ihrer Hinterfüße verbreiterte Hautsäume, die ein Einsinken ins Wasser bei hoher Laufgeschwindigkeit verhindern (BÖHME, mündl. Mitt.).

Im Gegensatz zu den meisten anderen Echsengruppen besitzen die Agamen im Schwanzskelett keine Autotomiezone als Sollbruchstelle. Zwar kann der Schwanz unter ausreichendem Krafteinsatz dennoch abgebrochen werden, doch stellt dies keine Strategie zur Verteidigung und Flucht dar. Bei den meisten Arten vernarbt die Bruchstelle, oder es bildet sich ein winziger Stummel, der von abweichend geformten Schuppen unterschiedlicher Farbe bedeckt ist. Nur ganz wenige Arten sind zu einer zumindest teilweisen Regeneration befähigt, wie zum Beispiel *Physignathus lesueurii,* eine Spezies, die teilweise sogar einen zweiten Schwanz ausbilden kann, wenn der alte nur teilweise abgebrochen ist.

Von einmaliger Besonderheit ist der Skelettaufbau der Flugdrachen aus der Gattung *Draco.* Diese Tiere machen ihrem Namen alle Ehre, sind sie doch aufgrund ihres speziellen Körperbaues in der Lage, weite Gleitflüge zum Beispiel von Urwaldriesen zu Urwaldriesen auszuführen. Normalerweise handelt es sich um Bewohner der glatten Baumstämme, an denen sie sich geschickt auf und ab bewegen. Wollen sie jedoch auf einen anderen Baum wechseln oder fühlen sie sich bedroht, so spreizen sie ihre stark verlängerten Rippen weit vom Körper ab, spannen dadurch die Zwischenhaut und überwinden die Distanz im langsamen Gleitflug.

Haut, Beschuppung und Häutung

Die Haut ist trocken und zeigt sich als äußeres Schuppenkleid. Ihre wichtigste Aufgabe besteht (wie bei allen Reptilien) darin, die Tiere vor Austrocknung und schnellem Wärmeverlust zu bewahren sowie mechanischen Schutz gegen äußere Einflüsse zu bieten.

Die Haut ist dreischichtig aufgebaut und unterscheidet sich kaum von der anderer Reptilien. Die äußere Schicht (Epider-

▷ Bergnebelwald in Sri Lanka.

16

mis) besteht wiederum aus mehreren. Diese bilden den eigentlichen Schutzwall gegen alle äußeren Einflüsse. In der untersten Schicht bilden sich laufend neue Zellen, die im Laufe der Zeit mit Keratin, einem zähen, faserigen Protein, gefüllt und in die oberen Schichten gedrückt werden. Die oberste Schicht besteht am Ende nur noch aus abgestorbenen keratinhaltigen Zellen und kann daher nicht mehr erneuert werden bzw. mitwachsen. Aus diesem Grund müssen sich die Tiere in regelmäßigen Abständen häuten.

Unter der Epidermis liegt die Lederhaut, auch Cutis oder Dermis genannt. Diese besteht aus einem reich mit Kollagenfasern ausgestatteten Bindegewebe. In ihr liegen die Farbzellen, und hier verlaufen auch die Blut- und Lymphgefäße sowie Nervenbahnen.

Unter der Dermis liegt die Unterhaut oder Subcutis. Sie besteht nur noch aus Bindegewebe, das die Haut mit der darunterliegenden Muskulatur verbindet.

Da die Epidermis aus abgestorbenen Keratinzellen gebildet wird und sich somit nicht mehr ausdehnen kann – Reptilien aber wachsen Zeit ihres Lebens – und die Hornhaut durch Beanspruchung der Umwelt ständig abnutzt, muß sie laufend erneuert werden. Dies geschieht durch regelmäßiges Häuten. Dabei wird die Oberschicht der gesamten Körperhaut abgestreift. Erkennen läßt sich das Einsetzen des Häutungsprozesses an einer stumpfen Verfärbung der Haut. Die Haut löst sich bei den meisten Agamen in ziemlich großen, unregelmäßigen Fetzen ab. Dabei häuten sich nicht alle Stellen gleichzeitig, sondern es kann mehrere Tage dauern, bis der Prozeß vollendet ist. Die erste Häutung findet meist bereits kurz nach dem Schlupf oder wenige Tage später statt.

Die Zeitspanne zwischen den einzelnen Häutungen ist stark von den verschiedensten Umwelteinflüssen wie Temperatur, Feuchtigkeit und Nahrungsangebot abhängig, aber auch von dem Wachstum der einzelnen Arten. So häuten sich die Jungtiere meist häufiger als ausgewachsene Tiere.

Während der Terrarienhaltung ist immer auf eine ordentliche Häutung zu achten. An ihr erkennt man unter anderem verschiedene Haltungsfehler, wie zum Beispiel zu niedrige oder zu hohe relative Luftfeuchtigkeit, einen falsch gewählten Temperaturbereich oder unausgewogene Ernährung. Stellen sich diese Probleme ein, so müssen die Haltungsbedingungen optimiert werden.

Äußerlich wirkt die Haut wie eine Art Schuppenkleid. Dabei sind die Schuppen nach einem artspezifischen Muster angeordnet, so daß dieses Schema häufig als Erkennungsmerkmal für die Systematiker dient. Jedoch kann es auch innerhalb einer Art zu einer gewissen (meist populationsabhängigen) Variabilität kommen. Beim Schuppenkleid unterscheidet man zwei unterschiedliche Typen. Zum einen die einander dachziegelartig überlappenden Schuppen, zum anderen die Granularbeschuppung. Bei ihr sind die Schuppen nebeneinander angeordnet. Die einzelnen Gebilde unterscheiden sich erheblich in Größe, Aussehen und Funktion. Sie können ein- oder mehrfach gekielt sein – wobei das Ende der Rückenschuppen auch in einer Art Stachelspitze auslaufen kann – bzw. eine flache oder kegelförmige Form aufweisen. Zahlreiche Arten besitzen aber auch zu Dornen und Stacheln umgewandelte Schuppen, die den Tieren als passive Bewaffnung dienen.

Die stacheligste Art ist wohl der Moloch, dessen ganzer Körper mit Dornen und stacheligen Tuberkeln übersät ist. Eine wichtige Funktion dieser bizarren Schuppen liegt darin, daß sie durch winzige Kanälchen – in diesen Schuppen der verhornten Epidermis – das Wasser aufgrund des Kapillareffekts bis zum Maul fließen lassen können.

Als wichtige Drüsen der Haut müssen die Femoraldrüsen (sie sind aber nur bei zahlreichen australischen Arten, *Hydrosaurus*, *Physignathus cocincinus*, *Leiolepis* und *Uromastyx* vorhanden), die meist längs der hinteren Unterseite der Oberschenkel verlaufen und die Kallusschuppen auf der Bauchseite erwähnt werden. Ihre Funktion ist aber bis heute noch nicht abschließend geklärt worden. Es scheint jedoch sicher, daß sie sexuelle Duftstoffe enthalten, mit denen die Männchen die Weibchen anlocken bzw. ihr Revier kennzeichnen.

Die meisten Agamen sind in der Lage, ihre Färbung innerhalb kurzer Zeit (meist weniger Minuten) durch Ausdehnung oder Konzentration der dunklen Melaninpigmente in den sogenannten Melanophoren der Haut zu verändern.

Sinnesorgane

Die Agamen besitzen ein ausgeprägtes, recht kompliziertes (angeborenes) Instinktverhalten, welches ihnen das Zurechtfinden in fremden Lebensräumen häufig erschwert. Die hauptsächlichen Sinnesorgane, mit denen die Echsen sich in ihrer Umgebung zurechtfinden und mit welchen sie räumliche Lageveränderungen wahrnehmen, sind die Augen, die Nase und die Ohren.

Das alle anderen überragende Sinnesorgan stellt dabei das Auge dar, da es sich bei fast allen Agamen um tagaktive Echsen handelt. Daher erfolgen auch die wichtigsten Funktionen aufgrund optischer Wahrnehmungen, wie etwa das Erkennen von Feinden, das Suchen und Jagen von Futtertieren und fast das gesamte Sozialverhalten.

Wie alle Wirbeltiere besitzen auch die Agamen Linsenaugen. Diese gelten allgemein als die am höchsten entwickelten. Aufgrund der Augenstellung sind die Tiere aber fast nur zum monokularen Sehen befähigt. Lediglich im vorderen Bereich überschneiden sich die Gesichtsfelder um etwa 25° und ermöglichen dort ein binokulares (räumliches) Sehen. Bei einigen Agamenarten sind die Augen beweglich und können mehr oder weniger nach allen Seiten verdreht werden. Diese Arten verfügen dann auch meist über wesentlich größere binokulare Sehfelder.

Früher einmal wurde behauptet, daß zu einem optimalen Scharfsehen ein binokulares Sehen erforderlich ist. Wer aber beobachtet, auf welche Entfernung eine Agame ein Kerbtier noch entdeckt und zielsicher darauf zuläuft, um es geschickt durch einen Vorstoß mit dem Maul zu ergreifen, wird wohl kaum Zweifel an der Sehfähigkeit der Tiere haben. Wie das Scharfsehen genau funktioniert, ist nicht geklärt. Vermutlich sind dafür eine doppelte Blendeinrichtung von Lidloch und Pupille verantwortlich sowie die zwei Foveae (Gruben), die die ins Auge einfallenden Lichtstrahlen in die Mitte der Retina, der Netzhaut, leiten.

Ebenfalls zu den Sinnesorganen gehört das Scheitelauge oder Parietalauge. Dieses augenartige Organ liegt auf der Oberseite des Kopfes. Es stellt das Ende verschiedener fast ausschließlich lichtempfindlicher Sinneszellen dar, welche im Pinealkörper (Epiphyse, Zirbeldrüse) enden, der seinerseits in direkter Verbindung zum Gehirn steht.

Heute nimmt man an, daß die Tiere mit Hilfe des Parietalauges ihren endogenen Rhythmus steuern, dazu gehören auch die Regulation der Körpertemperatur, die Dauer der Sonnenbäder und Körperfunktionen wie Wachen oder Schlafen. Da man auch UV-Licht-empfindliche Zellen gefunden hat, ließe sich auf diese Weise erklären, warum eine UV-Bestrahlung im Terrarium aktivitätsfördernd ist.

Über die Bedeutung des Geruchssinns gibt es keine abschließenden Beurteilungen. Wie alle Reptilien besitzen auch die Agamen auf einer Membran in der Nasenhöhle sogenannte Geruchsepithelien, die die eigentliche Wahrnehmung der Geruchsstoffe leisten. Dabei sind diese Sinneszellen bei den einzelnen Arten unterschiedlich stark ausgeprägt.

Neben den Riechzellen der Nase besitzen alle Agamen auch das sogenannte Jacobsonsche Organ. Dabei handelt es sich um eine komplizierte paarige Sinnesgrube, welche unabhängig von der Nase Duftstoffe erkennen kann. Allerdings müssen hierfür die Duftstoffe im Speichel gelöst und dann mittels der Zunge über einen Gang zum Jakobsonschen Organ geleitet werden.

Einige Reptilienarten, so zum Beispiel Warane, verlassen sich sehr stark auf diesen Geruchssinn und sind deshalb unentwegt mit Züngeln beschäftigt. Grundsätzlich würde man eine derartige Funktion bei den Agamen eher ausschließen, da sie eine dicke, fleischige Zunge besitzen, die kaum zum Transport von Duftstoffen geeignet erscheint. Und doch zeigen Beobachtungen, besonders während der Paarungszeit, daß sie mit der Zunge laufend Äste und andere Gegenstände berühren oder aber einfach den Geschlechtspartner bezüngeln. Es scheint, als sei die Leistungsfähigkeit des Jacobsonschen Organs bei den Agamen nicht so hoch entwickelt, daß damit Duftstoffe in der Luft wahrgenommen werden können. Vielmehr müssen die Duftstoffe mit der Zunge von einem Substrat und dann wahrscheinlich auch höher konzentriert aufgenommen werden.

Besonders wichtig scheint das Organ bei der Wahrnehmung von sexuellen Lockstoffen zu sein. Welchen Sinn würde es auch sonst ergeben, wenn die Männchen einiger Agamenarten während der Fortpflanzungszeit ihr Revier mit dem Sekret der Femoralporen kennzeichnen, indem sie ihre Oberschenkel überall an Ästen, Steinen und Bodenerhebungen entlangscheuern.

Eine weiter unstrittige Aufgabe des Jacobsonschen Organs scheint die Identifizierung des Beutetieres zu sein, denn wenn die Agamen versehentlich einmal einen unappetitlichen Futterbrocken ergriffen haben, spucken sie ihn sofort wieder aus.

Als letztes wichtiges Sinnesorgan muß das Ohr erwähnt werden. Es ähnelt im Aufbau und in der Funktion dem aller höheren Wirbeltiere. Zu Lautäußerungen sind die Agamen gewöhnlich nicht fähig, doch gibt es auch hier wieder Ausnahmen wie zum Beispiel *Calotes emma*.

Aktivität

Die Agamen sind – wie alle Reptilien – nicht in der Lage, ihre Körpertemperatur auf physiologischem Weg zu regulieren. Die geringen Mengen an Stoffwechselwärme, die sie hervorbringen, entweichen rasch über die Haut in die Umgebung. Sie sind daher von der Umgebungstemperatur und – besonders die Arten aus höheren Lagen – auch von der Sonnenscheineinstrahlung abhängig. Da die Agamen eine bestimmte „Betriebstemperatur" für die lebensnotwendigen Funktionen benötigen, ist ihr Verbreitungsgebiet auf die wärmeren Regionen der Alten Welt beschränkt.

Nahezu alle Agamen sind primär tagaktiv. Wenn sie am Morgen aus ihren nächtlichen Verstecken kommen, sind sie meist dunkel gefärbt und versuchen, sich von den Sonnenstrahlen erwärmen zu lassen. Steigt im Laufe des Tages die Temperatur immer weiter an, so nehmen sie eine immer hellere Färbung an und beginnen mit der normalen Aktivität, wie Jagen, Fressen, Verdauen und sozialer Interaktion. Erst wenn die Temperaturen noch weiter steigen, weichen die Agamen der Sonne aus, um nicht an Überhitzung zu sterben. Hierfür ziehen sie sich einfach in den Schatten zurück, und wenn das nicht ausreicht, versuchen sie durch Hecheln mit geöffnetem Maul Verdunstungskälte zu erzeugen.

Sobald die Sonne zu sinken beginnt und die Lufttemperatur kühler wird, versuchen nun die Agamen umgekehrt, ihre eigene Abkühlung möglichst lange herauszuzögern. Hierfür schmiegen sie sich an alle wärmespeichernden Unterlagen, ehe sie sich endgültig in ihr Nachtversteck zurückziehen.

Für zahlreiche Arten spielt nicht nur der ganz normale Tagesablauf eine wichtige Rolle. Auch der Jahresrhythmus ist für ihr Wohlergehen und die Fortpflanzungsbereitschaft entscheidend. Zahlreiche Arten verbringen eine teilweise sogar mehrmonatige Winterruhe, versteckt in geschützten frostsicheren Quartieren. Diese Winterruhe muß nicht immer so streng sein wie bei unseren einheimischen Amphibien und Reptilien, die sich über ein halbes Jahr lang verborgen halten. Vielmehr können bei den Agamen gerade die Arten aus den Übergangsgebieten (zwischen Klimaten mit kalten und milden Wintern) auch eine von kurzen Aktivitätsphasen unterbrochene Winterruhe einlegen. Während der Terrarienhaltung müssen diese Arten unbedingt überwintert werden, da dies oft die wichtigste Voraussetzung für eine erfolgreiche Nachzucht ist und die Tiere dann auch eine wesentlich höhere Lebenserwartung aufweisen.

Verhalten

In diesem Abschnitt wollen wir nur einen kleinen Überblick über das Verhaltensrepertoire der Agamen geben. Leider handelt es sich selbst hier um ein Forschungsgebiet, auf dem es noch eine Menge zu entdecken gibt.

Einige Agamenarten verbringen den größten Teil ihres Lebens als Einzelgänger, die sich oftmals nur während der Fortpflanzungszeit zu Paaren mit festen Territorien zusammenschließen. Andere Arten hingegen leben in echten Familienverbänden, wie zum Beispiel die Schmetterlingsagamen der Gattung *Leiolepis*, bei denen die Männchen und auch die Weibchen die eigenen Jungtiere bis zum Erreichen der Geschlechtsreife in ihrem Revier und sogar in ihrer Wohnhöhle tolerieren. Andere Arten leben in kleinen aus einem Männchen und mehreren Weibchen bestehenden Gruppen.

Begegnen sich zwei Agamen derselben Art, so begrüßen sie einander durch unterschiedliche Verhaltensweisen. Derartige Verhaltensmuster bilden oftmals wichtige Schlüssel zur Erkennung und Auswahl der Geschlechtspartner. So begrüßen sich die meisten bodenbewohnenden Formen durch sogenannte Liegestützen: dabei handelt es sich um schnelles rhythmisches Einknicken der Vorderextremitäten, während sich die baumbewohnenden Arten hauptsächlich durch Kopfnicken bemerkbar machen. Bei den Männchen zahlreicher Arten wird diese Signalsprache durch die Demonstration von Farben und Körperanhängen noch unterstützt. So präsentieren die baumbewohnenden *Draco*männchen ihre auffällig gefärbte Kehlwamme und begrüßen einander zusätzlich durch heftige Nickbewegungen.

Ein anderes von Agamen bekanntes Verhaltensmuster ist das „Winken". Dabei begrüßen sich die Tiere durch langsame Bewegung mit den Vorderbeinen.

Diese unterschiedlichen Verhaltensweisen sollen immer eine Reaktion bei dem anderen Tier provozieren. An ihr erkennt die Agame, um was für ein Tier es sich bei dem Gegenüber handelt (Artzugehörigkeit, Geschlecht und sehr wichtig auch die innere Gestimmtheit, zum

Beispiel Paarungsbereitschaft). Das Erkennen erfolgt hier nicht rein anhand der Körperform oder der Färbung. Sehr wichtig ist auch der „Takt", also die rhythmischen Begrüßungsbewegungen.

Neben der Identifizierung des Gegenüber dient es dem Tier aber auch besonders dazu, sein Revier abzugrenzen oder einfach auch nur seinen Aufenthaltsplatz zu verteidigen. Viele Arten weisen ein ausgesprochenes Revierverhalten auf. So besetzen in der Regel die Männchen ein Gebiet, welches sie gegen Geschlechtsgenossen verteidigen. Bei einigen Arten besetzen auch Paare oder Gruppen feste Aktionsräume und vertreiben aus diesen Eindringlinge der eigenen und teilweise sogar fremder Arten, damit es nicht zu einer unerwünschten Futterkonkurrenz kommt.

Im Terrarium sind diese Arten meist nur paarweise, oftmals nicht einmal mit den eigenen Jungtieren, zu vergesellschaften. Bei anderen Arten zeigen die Männchen nur während der Fortpflanzungsperiode ein mehr oder weniger stark ausgeprägtes Revierverhalten.

Begegnen sich beispielsweise zwei Schmetterlingsagamenmännchen, so begrüßen sie sich erstmals durch Winken mit einem Bein. Lassen sich so keine klaren Verhältnisse schaffen, so legen sie sich flach auf den Bauch und winken mit beiden Beinen. Gibt der Eindringling immer noch nicht auf, so kommt es nun zum Breitseitdrohen. Hierbei zeigen die Kontrahenten einander die abgeflachten Körperseiten und umkreisen sich einige Male, ehe sich die Auseinandersetzung zu einer Beißerei steigert.

Auf eine ganz andere Art imponieren die Krötenkopfagamen (Phrynocephalus). Bei ihnen dient der Schwanz zur Kommunikation, der hoch emporgehoben ein- und ausgerollt wird. Zahlreiche Arten besitzen zur Verstärkung dieser Verhaltensweise noch eine (geschlechtsspezifisch) farblich abgesetzte Schwanzspitzenunterseite. Am weitesten entwickelt hat dieses Verhalten Phrynocephalus maculatus, eine Art, die den Schwanz spiralförmig emporhebt und sich dabei auf ihren Beinen hin- und herwiegt.

Eine ganz andere Art von Revierverhalten bildet das Verteidigen der Eiablageplätze einiger Agamenweibchen. Nach einer erfolgreichen Verpaarung oder zu Beginn der Legeperiode bilden sie für eine gewisse Zeit feste Reviere, in denen sie während der ersten Tage nach der Eiablage kein anderes Tier mehr dulden (SCHMIDT & INGER, 1957). MADEL & KLOCKENHOFF, 1972, beobachteten sogar, daß Laudakia-caucasia-Weibchen aus Afghanistan regelrecht um gute Eiablageplätze kämpften und diese nachhaltig verteidigten. ORLOVA, 1981, gibt sogar an, daß die Weibchen dieser Art imstande waren, ihr eigenes Gelege noch nach einer bis zu sechstägigen Entfernung von diesem Ort weiterhin wiederzuerkennen und zu verteidigen. In diesem Zusammenhang muß auf eine Arbeit von BAIG & BÖHME, 1991, hingewiesen werden, die das Vorhandensein präkloakaler (vor der Austrittsöffnung) und abdominaler (unten – hintenliegender) Schwielendrüsen bei einigen weiblichen Agamen aus der Stellio-Gruppe behandelt. Da die Drüsen vor allem bei Arten vorkommen, die stets paarweise leben, vermuten die Autoren, daß sie eine ähnliche Bedeutung wie die Pheromon-Sekretion bei den Männchen haben könnten und die Weibchen auf diese Weise ihr Territorium abgrenzen (Nahrung, Nestplätze, Verstecke usw.).

Wichtige Bestandteile des Sozialverhaltens sind das Droh- und Imponiergehabe. Hierbei zeigen die verschiedenen Arten am häufigsten das typische Kopfnicken (meist bei Baumbewohnern) und die Liegestützbewegungen (meist bei Bodenbewohnern), die häufig bei steigender Aggressivität immer heftiger

Drohgebärde der Krötenkopfagame *Phrynocephalus mystaceus.*

werden. So drohen ranghöhere Männchen einem gleichgeschlechtlichen, rangniederen Artengenossen durch heftige Bewegungen, um ihn zum Beispiel von seinem Platz zu verdrängen. Rangniedere Tiere fliehen in der Regel sofort und zeigen Beschwichtigungsgesten. Nur selten einmal kommt es zum Kampf.

Mit am eindrucksvollsten sind die Kämpfe der Kragenechsenmännchen. Nach einem kurzen Imponiergehabe kann es bei ihnen leicht passieren, vor allem wenn die Kontrahenten nahezu gleichstark sind, daß sie mit Tritten und Bissen versuchen, ihre Kräfte zu messen. Dabei stellen sie sich voreinander auf, umrunden und verbeißen sich letztendlich miteinander.

Die normale Reaktion der Agamen auf Feinddruck ist die Flucht, die oftmals mit dem Rückzug in ein Versteck (zum Beispiel Erdhöhle, Felsspalte, hohler Baum usw.) endet. Wasseragamen etwa springen ins Wasser und tauchen ab, Flugdrachen gleiten zu einem weit entfernten Baum und wieder andere Arten laufen einfach den Baumstamm

empor, an dem sie gerade sitzen. Andere Arten wiederum verlassen sich voll auf ihre Tarnfärbung wie einige *Phrynocephalus-* oder *Trapelus*arten und der Moloch, die oftmals keinerlei Fluchtverhalten zeigen. Krötenkopfagamen zeigen oft erst bei Berührung eine Reaktion, indem sie in einen akineseartigen Zustand (Sich-Tot-Stellen) fallen.

Wenn ein gewisser Individualabstand unterschritten wurde, ändern jedoch zahlreiche Arten ihr Verhalten und zeigen auch gegenüber dem Menschen Abwehrreaktionen. Die Bartagamen zum Beispiel öffnen ihr Maul und blähen den „Bart" auf. Werden sie dann ergriffen, so beißen sie und führen heftige Schwanzschläge aus, ein Verhalten, daß in Gefangenschaft nicht mehr gezeigt wird.

Als letztes wollen wir noch kurz die Fortbewegungsarten erwähnen. Normalerweise laufen die Agamen auf allen vier Füßen. Nur wenn es die Situation erfordert, wie zum Beispiel bei der Flucht, sind einige Arten in der Lage, auf zwei Beinen laufend eine größere Distanz zu überwinden. Es wird allgemein angenommen, daß diese Fortbewegungsart vor allem eine Anpassung an das Leben in offenen, deckungsarmen Biotopen wie Wüsten und Steppen darstellt. BAEHR, 1976, maß die Geschwindigkeit von *Physignathus longirostris* mit 20 bis 24 km/h.

Alter

Vor der Anschaffung einer Agame sollte man sich immer fragen, ob man überhaupt in der Lage und willens ist, die begehrte Echse bis an ihr Lebensende zu pflegen.

Dazu gehört neben dem artgemäßen Terrarium auch die richtige und hochwertige Ernährung. Ferner sollte man den täglich anfallenden Zeitaufwand, und die eventuell erforderliche Urlaubsvertretung bedenken, da man für einen sehr langen Zeitraum die Verantwortung für ein Lebewesen übernehmen will. Die Langlebigkeit von Reptilien bei artgemäßer Terrarienhaltung ist sprichwörtlich.

Als Beispiele seien genannt: *Uromastyx acanthinura* über 22 Jahre (WILMS, 1995); *Physignathus lesueurii* über 15 Jahre (KITTICH, mündl. Mitt.); *Otocryptis wiegmanni* über 7 Jahre.

II. Fortpflanzung und Zucht

Im folgenden Kapitel wollen wir das Fortpflanzungsverhalten in all seinen Einzelheiten einmal zusammengefaßt darstellen, soweit dies bei einer derart variablen Tierfamilie überhaupt möglich ist.

Gerade in unserer heutigen Zeit, gekennzeichnet durch weiter fortschreitende Biotopzerstörungen und damit verbundene Bestandsabnahmen, kommt der erfolgreichen Nachzucht im Terrarium eine existentielle Bedeutung zu. Nur sie sichert auch die zukünftige Pflege, da zahlreiche Arten in kürzester Zeit in der freien Natur ausgestorben sein werden oder ein Rückgriff auf diesen natürlichen Bestand verboten bzw. nicht mehr möglich ist. Um einige Arten wenigstens als Terrarientiere in Zoos und bei Terrarianern zu erhalten, wird es daher unumgänglich sein, sich zu Zuchtgemeinschaften oder ähnlichem zusammenzuschließen.

Dies bedeutet aber auch für jeden einzelnen Terrarianer, daß er sich auf eine Art oder zumindest auf eine geringe Artenzahl beschränken muß und, wenn möglich, eine größere Anzahl an Individuen und Zuchtpaaren pflegt, um einer genetischen Verarmung so gut es geht vorzubeugen.

Ein weiterer Effekt dieser Spezialisierung ist sicherlich, daß auf diese Weise noch der bis heute recht dürftige Wissensstand über die Ansprüche und Lebensweise unserer Tiere erheblich erweitert wird. Schon heute ist der Beitrag der privaten herpetologischen Forschung an neuen Erkenntnissen immens.

Ferner ist es von ganz besonderer Wichtigkeit, bei den Nachzuchten eine gewisse Auslese zu betreiben. Das fängt bereits beim Schlupf der Jungtiere an. So sollten alle Nachzuchten, die nicht aus eigener Kraft aus dem Ei schlüpfen, im Ei belassen werden. Sind die kleinen Agamen jedoch bereits geschlüpft oder geboren, so muß man alle Tiere mit Mißbildungen und die sogenannten Kümmerlinge sofort aussortieren, denn nur mit einwandfreien, kräftigen und gesunden Tieren sollten weitere Nachzuchten erzielt werden.

Geschlechtsunterschiede

Für eine erfolgreiche Nachzucht von Agamen ist unabdingbare Voraussetzung, daß man ein zweifelsfreies Pärchen einer Art besitzt. Dies wiederum setzt voraus, daß man die Geschlechter mit Gewißheit bestimmen kann.

Pflegt man mehrere Tiere einer Art, so ist dies aber nicht immer leicht möglich. Nur bei wenigen Arten sind die Unterschiede im Aussehen zwischen den Geschlechtern so beträchtlich, daß man schon auf die Entfernung das Geschlecht bestimmen kann, wie zum Beispiel bei *Hydrosaurus amboinensis*. Die Männchen dieser Art weisen im Gegensatz zu den Weibchen einen hohen Hautkamm auf dem ersten Teil des Schwanzes auf.

Grundsätzlich muß man immer versuchen, zumindest bei den Arten, die keine äußerlich erkennbaren Merkmale aufweisen, das Geschlecht anhand der Körperproportionen etc. zu bestimmen. So besitzen zum Beispiel die Männchen oftmals (aufgrund der Auswölbung der Hemipenistasche) eine verbreiterte Schwanzwurzel. Um dies festzustellen, vergleicht man die Tiere, indem man sich die Schwanzwurzel entweder von oben (dabei wäre die der Männchen vom Ansatz her verbreitert) oder von der Seite (dabei weisen die Weibchen einen sich gleichmäßig verjüngenden Schwanz auf, während die Männchen eine kurze Verdickung hinter der Kloake besitzen, von deren Ende an sich der Schwanz nun ebenfalls gleichmäßig verjüngt) genau anschaut. Meist läßt sich auf diese Weise das Geschlecht bereits erkennen. Jedoch sind die Hoden und Hemipenistaschen der Männchen, bei Arten, die eine jährliche Fortpflanzungsperiode aufweisen, während der inaktiven Zeit so stark verkleinert, daß der Unterschied mit dem Auge nicht feststellbar ist.

Die Männchen einiger Arten können auch einen größeren und breiteren Schädel als die Weibchen besitzen, oder aber die Geschlechter weisen eine unterschiedliche Gesamtlänge auf.

Ferner ermöglichen häufig die Körperanhänge eine Geschlechtsunterscheidung. Dazu gehören die unterschiedlich ausgebildeten Körperkämme und Hautsäume, die Kehlwamme sowie die Hörner am Kopf. Bei einigen *Phrynocephalus*arten lassen sich die Geschlechter auch leicht an der unterschiedlichen Färbung der Schwanzspitzenunterseite unterscheiden.

Während der Paarungszeit, teilweise aber auch während des ganzen Jahres, sind die Männchen einiger Arten wesentlich hübscher und auffälliger gefärbt als die Weibchen. Besonders deutlich kann man dies bei zahlreichen Arten der alten Gattung *Agama* beobachten. So zeigen zum Beispiel die Männchen von *Acanthocercus adramitanus* ein tiefblaues Hochzeitskleid.

Ein ebenfalls äußerlich feststellbares Merkmal sind die nur bei einigen Arten vorhandenen Femoralporen (Drüsen an der Unterseite des Oberschenkels), die bei den Männchen immer wesentlich deutlicher ausgeprägt sind.

Sehr zeitaufwendig und schwierig ist das Bestimmen des Geschlechts anhand bestimmter Verhaltensweisen, denn es erfordert genaue Kenntnisse des Verhaltens, um festzustellen, ob das Tier nun Imponier- und Balzverhalten zeigt oder nicht.

Als weitere Möglichkeit bleiben nur noch das Sondieren, die Endoskopie und die Hormonbestimmung, wie sie häufig bei anderen Reptilienarten angewandt werden, deren Geschlecht äußerlich nicht erkennbar ist. Leider sind diese Methoden sehr kostspielig und bei kleineren Arten nur bedingt durchführbar – und sie sollten dem Fachmann überlassen bleiben.

Weitere Voraussetzungen für die Zucht

Handelt es sich bei den Agamen, die man besitzt, um ein zweifelsfreies Pärchen, so muß man noch eine ganze Reihe weiterer Faktoren beachten, ehe man die gewünschten Nachzuchten erhält. So ist es wichtig zu wissen, wie alt die Tiere überhaupt sind. Denn zum einen kann es sein, daß die Tiere noch gar nicht die Geschlechtsreife erreicht haben, oder zum anderen, daß sie bereits zu alt sind, um sich noch fortzupflanzen. Wer daher ganz sicher gehen will, besorgt sich immer Nachzuchten, bei denen das Alter dokumentiert ist.

Auch heute liegt (trotz all unseren Wissens) teilweise noch eine lange Zeit zwischen dem Erwerb der Agamen und der erfolgreichen Nachzucht. Neben dem Alter spielen auch die Harmonie des gepflegten Paares und die Eingewöhnung eine gewisse Rolle. Immer wieder bereitet auch das Nachgestalten der natürlichen Temperatur- und Feuchtigkeitsverhältnisse Schwierigkeiten, besonders bei der Pflege noch relativ unbekannter Arten. Hier muß man teilweise jahrelang Erfahrungen sammeln und die Haltungsbedingungen immer wieder optimieren, ehe sich der gewünschte Erfolg einstellt.

Eine weitere Voraussetzung ist das Erreichen der Geschlechtsreife. Sie erfolgt in der Natur und im Terrarium meist zu unterschiedlichen Zeitpunkten. *Coryphophylax subcristatus* erreicht beispielsweise die Geschlechtsreife bereits nach neun Monaten, *Pogona minor* nach zwei Jahren, *Ctenophorus ornatus* nach 2 bis 3 Jahren, *Uromastyx acanthinura* nach 4 bis 5 Jahren und *Physignathus lesueurii* erst nach fünf Jahren. Die ganze Entwicklung ist natürlich stark von Umweltfaktoren wie Nahrung, Temperatur, Photoperiode (Tageslänge) usw. abhängig.

Recht schwierig ist es, zu einer bestehenden Gruppe oder zu einem eingewöhnten Tier einen neuen Partner dazuzugesellen. Meist klappt dies nach einer gewissen Zeit, aber häufig gibt es auch Probleme, und die Tiere vertragen sich überhaupt nicht. Besonders älteren Tieren fällt die erneute Vergesellschaftung schwer. Um Ausfällen vorzubeugen, müssen die Tiere daher dauernd kontrolliert werden. Ein häufiger Grund für diese Ablehnung liegt in der Herkunft der einzelnen Tiere, da man beim Kauf meist kaum weiß, woher die einzelnen Agamen genau stammen, und Arten mit einem riesigen Verbreitungsgebiet häufig auch eine gewisse Variation in Aussehen und Verhalten aufweisen.

Ist die Zusammenführung des Paares geglückt, so muß man teilweise sehr viel Geduld aufweisen, bis man die erste Nachzucht oder zumindest das erste Gelege erhält. Dies liegt unter anderem an den unterschiedlichen Fortpflanzungszyklen der einzelnen Arten, denn nur die wenigsten pflanzen sich das ganze Jahr hindurch fort, aber auch an der erforderlichen Synchronisation der Geschlechter.

Bei den meisten Arten ist die Reproduktionsperiode an die Jahreszeit gekoppelt, besonders bei den Arten aus den mittleren und höheren geographischen Breiten. Aber auch die tropischen Arten unterliegen gewissen zyklischen Veränderungen wie Regen- und Trockenzeiten, der täglichen Sonneneinstrahlung usw.

Grundsätzlich unterscheidet man monozyklische Arten, das sind Spezies, die sich nur einmal im Jahr fortpflanzen, und polyzyklische Arten, also Arten, die sich mehrmals im Jahr verpaaren.

Die meisten Arten mit periodischer Fortpflanzung kommen aus den gemäßigten Breiten. Sie unterliegen dem Rhythmus der Jahreszeiten und halten alle eine mehr oder weniger lange Winterruhe ein. Als eigentlicher Auslöser für das Fortpflanzungsverhalten kommen die Temperaturveränderungen, bei den meisten Arten aber auch die Veränderungen der Photoperiode, gemeint sind die Änderungen der Tageslänge, in Betracht. So bewirkt eine Temperaturerhöhung immer auch eine Steigerung des Stoffwechsels, welcher wiederum Impulse an das Nervensystem weiterleitet, das dann die Reifung der Eier und Spermien auslösen kann.

Diese periodische Fortpflanzung stellt nicht nur grundsätzliche Anforderungen an die Terrarienhaltung, wie das Nachgestalten der natürlichen Jahrestemperaturschwankungen, die Variation der Beleuchtungsdauer und der Sprühzeiten, sondern auch an die sexuelle Synchronisation der Geschlechter. Werden alle Tiere unter gleichen Bedingungen gehalten, stellt das in der Regel kein Problem dar, weil alle Tiere in den Fortpflanzungszyklus kommen oder nicht. Schafft man sich aber ein zweites Tier an, so kann sich dieses durch eine unterschiedliche Haltung in einer ganz anderen Stimmung befinden.

Das zweite große damit zusammenhängende Problem stellt die Winterruhe dar, besonders für die Agamenarten aus den südlichen Gebieten der Südhalbkugel, da sie eine Winterruhe oder inaktive Phase zu einer Jahreszeit einlegen, in der bei uns Sommer ist. Da die Einhaltung des natürlichen Rhythmus – (Nord) Sommer = Winterruhe, (Nord) Winter = Aktivitätsphase – nur mit größten Schwierigkeiten und enormem technischen Aufwand möglich ist, empfiehlt sich die Umstellung der Tiere auf unseren Jahresrhythmus.

Fortpflanzungsverhalten

Zum Fortpflanzungsverhalten gehören das eigentliche Balzverhalten und die Kopulation. Auch hier weist die Familie der Agamen wieder eine enorme Vielfalt von unterschiedlichen Verhaltensweisen auf, von denen wir nur einige beispielhaft erwähnen können.

Häufig besteht das stark ritualisierte Balzverhalten aus den gleichen Verhaltensmustern wie das Imponier- und Drohverhalten. Bei den Dornschwanzagamen beispielsweise beginnt die Balz durch liegestützähnliche Bewegungen, das sogenannte Rumpfschaukeln. Die eigentliche Paarung nach WILMS, 1995, spielt sich dann wie folgt ab: Sie wird eingeleitet durch den sogenannten Kreiseltanz, bei dem das Männchen auf einer exponierten Stelle in sehr eng gezogenen Kreisen läuft. Dabei ist der Körper sehr stark gekrümmt, so daß Schnauzen- und Schwanzspitze sich fast berühren. Zur Einleitung der Paarung nähert sich das Männchen dem Weibchen unter heftigem Rumpfschaukeln und beginnt auf ihrem Rücken erneut mit dem Kreiseltanz, an den sich die eigentliche Paarung anschließt. Dabei verbeißt das Männchen sich in der Nacken- oder Flankenregion des Weibchens.

Die Kopulationsdauer beträgt je nach Art etwa zwischen 3 und 30 Minuten. Häufig paaren sich die Tiere mehrmals

△ Paarung von *Ceratophora stoddartii.*

◁ Drohendes Männchen von *Lyriocephalus scutatus.*

täglich, teilweise auch an mehreren Tagen hintereinander.

Insgesamt läßt sich sagen, daß das Balz- und Paarungsverhalten der Agamen sehr differenziert ist und es noch viel zu entdecken gibt. Auf etwaige Besonderheiten sind wir bei den Artenbeschreibungen eingegangen.

Vorratsbefruchtung und Trächtigkeit

Nach der erfolgreichen Paarung zeigen die Weibchen einen wesentlich gesteigerten Appetit, besonders innerhalb der ersten 14 Tage. In dieser Zeit sollten die Tiere so viel Nahrung erhalten, wie sie nur zu sich nehmen können, wobei auf eine möglichst hochwertige Ernährung geachtet werden muß. Auch sollten Vegetarier wie die Dornschwanzagamen wegen des erhöhten Proteinbedarfs mehr tierische Nahrung als normal erhalten.

Neben dem eigentlichen Futter kann man die Weibchen nun auch häufig bei der Aufnahme von Kalk in Form von zerstoßener Sepiaschale, Eischale oder Muschelgrit beobachten. Kurze Zeit vor der Eiablage oder Geburt reduzieren bzw. beenden die Weibchen die Nahrungsaufnahme und zeigen eine erhöhte Aktivität.

Die Dauer der Trächtigkeit kann unterschiedlich lang sein, von etwa 25 Tagen bis zu einigen Monaten. Während dieser Zeit legen die Weibchen auch eine wesentlich gesteigerte Aggressivität an den Tag. So verbeißen sie bei fast allen Arten nun die Männchen, sobald diese einen Annäherungsversuch unternehmen. Häufig kann diese Aggressivität sogar derart gesteigert sein, daß die Männchen nur zum Nahrungserwerb ihr Versteck im Terrarium verlassen. Dieses Verhalten kann auch noch nach der Eiablage anhalten (siehe Abschnitt Verhalten). Bei *Uromastyx acanthinura* beispielsweise hält dieses Verhalten sogar 4 bis 6 Wochen lang noch an. Viele Weibchen verteidigen den Eiablageplatz nicht nur gegenüber Artgenossen, sondern auch gegenüber ihrem Pfleger.

Ein bei den Agamen bisher wenig untersuchtes Phänomen ist die Vorratsbefruchtung oder Amphigonia retardata. Bei Arten, die zur Spermaspeicherung befähigt sind, reicht oft eine Paarung aus, um mehrere befruchtete Gelege abzusetzen. Terrarienbeobachtungen zeigten, daß einige Arten über Spermaspeicherung verfügen, wie zum Beispiel *Coryphophylax subcristatus.*

Der biologische Nutzen der Amphigonia liegt in der Arterhaltung. Dabei stellt es gerade bei sehr isoliert lebenden Einzelgängern wie *Coryphophylax subcristatus* einen bedeutenden Selektionsvorteil dar, wenn eine Paarung für mehrere Gelege ausreicht, denn eine erneute Paarung ist aufgrund der verstreuten Lebensweise nicht immer sichergestellt. Nur so läßt sich die Eroberung einiger extrem insekten-, sprich nahrungsarmer Lebensräume erklären, zu denen auch der Bodenbereich der Urwälder zählt, da sich dort fast das ganze Leben in den Baumkronen abspielt.

Lange Zeit ging man davon aus, daß die Parthenogenese oder Jungfernzeugung bei den Agamen überhaupt nicht vorkommt. Unter Jungfernzeugung versteht man, daß die Nachkommen nicht durch eine Paarung zweier verschiedengeschlechtlicher Individuen einer Art entstehen. Die Eier durchlaufen keine Meiose (Reifeteilung), vielmehr sind sie bei Ausbildung bereits diploid (mit doppeltem Satz der Erbträger, der Chromosomen), so daß sich das Jungtier sofort entwickeln kann. Alle Nachkommen sind wieder Weibchen und mit ihrer Mutter genetisch vollständig identisch. Es handelt sich sicherlich um eine sekundäre Notlösung der Fortpflanzung, die durch Hybridisierung zweier oder mehrerer Formen entstanden ist und nun ihren Vorteil in der Verdopplung der Fruchtbarkeit findet, da alle Mitglieder der Population Weibchen sind.

Erst HALL, 1970, wies das Vorkommen von Parthenogenese bei den Agamen an einer Schmetterlingsagamenpopulation nach. Es handelt sich dabei um eine Art aus dem Süden der Malaiischen Halbinsel. Diese Art wurde später von PETERS, 1971, nach ihrem triploiden Genom (Dreifachsatz der Erbträger) als *Leiolepis triploida* beschrieben. BÖHME, 1982, wies darauf hin, daß es sich bei dieser Art nicht um einen autotriploiden Klon, sondern um eine allotriploide Bastardform zwischen einem diploid-parthenogenetischen *Leiolepis-belliana*-Weibchen und einem normalen Männchen handelt. DAREVSKY & KUPRIYANOVA, 1993, untersuchten dieses Phänomen noch an anderen Schmetterlingsagamen und kamen zu dem Schluß, daß *Leiolepis triploida* eine von drei männchenlosen *Leiolepis*arten ist.

Eiablage und Geburt

Auch bei den Agamen unterscheidet man zwei Arten der Fortpflanzung. Einmal den Normalfall, die sogenannte Oviparie: Darunter versteht man, daß diese Arten Eier legen, aus denen nach einer gewissen Inkubationszeit die fertigen Jungtiere schlüpfen. Zum anderen die sogenannte Ovoviviparie: Hierunter versteht man das Gebären von fertig entwickelten Jungtieren.

Diese Fortpflanzungsweise ist bisher nur von einigen Arten aus der Gattung *Phrynocephalus* bekannt geworden. Im Gegensatz zu dem, was der Name ausdrückt, handelt es sich jedoch nicht um echte lebendgebärende Tiere. Vielmehr sind die Jungen, wenn sie geboren werden, noch von einer pigmentlosen Eihülle umgeben, die sie erst nach Verlassen des Mutterleibes zerreißen.

Alle oviparen Agamenarten legen squamatentypische Eier, deren Aufbau dem anderer Reptilienarten entspricht. Die weichschaligen Gebilde besitzen eine pergamentartige, gut ausgebildete, faserige Haut. Direkt nach der Eiablage ist diese meist leuchtend weiß gefärbt. Damit sie jedoch nicht sofort auffällt, nimmt die Schale häufig die Farbe des sie umgebenden Substrates an.

Das Agamenei enthält den Embryo, der von einer Amnionhülle umgeben ist. Weiterhin enthält es einen großen Dottervorrat mit Dotterhülle. Direkt unter der Eischale liegt das Chorion.

Während der Entwicklung des Eis bis zum fertigen Jungtier – diesen Zeitraum bezeichnet man als Embryonalentwicklung – verbindet sich das Chorion mit der Allantois zur Chorio-Allantois und es bildet sich das Amnion. Diese extraembryonalen Hüllen erfüllen verschiedene Funktionen wie Speicherung der verschiedenen stickstoffhaltigen Stoffwechselprodukte, insbesondere der unlöslichen Harnsäure.

Ferner dient die Chorio-Allantois als eine Art embryonale Lunge, da sie direkt an der porösen Schale anliegt und durch diese Sauerstoff aufnimmt und Kohlendioxid abgibt. Beim Schlupf, wenn das Jungtier aus dem Ei kriecht und die Nabelschnur abreißt, bleiben die Hüllen in der Schale zurück.

Wegen ihrer squamatentypischen Schale sind die Agameneier stärker als etwa zum Beispiel die hartschaligen Geckoeier von den sie umgebenden Umweltbedingungen abhängig, da sie Luft und Feuchtigkeit benötigen und diese aus der Umgebung entnehmen müssen.

Aus diesem Grund vergraben die Agamen ihre Gelege nur in ausreichend feuchten Substraten.

Unbefruchtete Eier zeigen häufig ein wachsartiges Aussehen oder zumindest einen gelblichen Schimmer, wobei sie meist zusätzlich eine gallertartige Konsistenz aufweisen, im Gegensatz zu den prallen, oft schneeweißen befruchteten Eiern. In der Regel sind die Eier länglich-oval, doch können sie bei einigen Arten auch eine rundliche Form aufweisen.

Die Anzahl der Eier pro Gelege schwankt zwischen zwei, zum Beispiel bei den *Ceratophora*arten, und über 30 Eiern bei einigen *Pogona*arten.

Die eigentliche Eiablage läßt sich grob etwa in vier Phasen unterteilen:

Zunächst die Erkundungsphase, während der das Weibchen die Eiablageplätze untersucht und einen geeigneten Ort zum Graben der Höhle auswählt. Häufig laufen die Weibchen während dieser Zeit unruhig durch das Terrarium.

Daran schließt sich die Grabphase an, in der das Weibchen die Höhle oder Grube aushebt. In dieser Zeit zeigen die Weibchen oftmals eine gesteigerte Aggressivität. Am Ende, oftmals erst nach einigen „Probebohrungen" graben die Weibchen die ihnen geeignet erscheinende Höhle, in die sie schließlich die Eier legen (3. Phase).

Unmittelbar nach der Eiablage füllen die Weibchen die gesamte Höhle wieder mit Erde (4. Phase).

Einige Arten drücken anschließend den Bodengrund mit dem Bauch noch etwas an, so daß man auf den ersten Blick gar nicht erkennen kann, daß gegraben wurde. Die Weibchen einiger weniger Arten verteidigen anschließend den Eiablageplatz noch einige Zeit. Schließlich erlischt dieser Brutpflegetrieb und die Weibchen verlassen den Ablageort wieder.

Schlüpfende *Acanthosaura crucigera.*

Über den Einfluß der Zeitigungstemperatur auf das Geschlechtsverhältnis

Eines der interessantesten Phänomene bei der Zucht von Reptilien ist das Ausprägen des Geschlechts in Abhängigkeit von den Temperaturen während der Embryonalentwicklung (sogenannte temperaturabhängige Geschlechterausprägung, kurz TAGA).

Man versteht darunter, daß aus bei einer immer nahezu gleichen Temperatur bebrüteten Reptilieneiern nur ein Geschlecht schlüpft. Beobachtungen an verschiedenen Reptilienarten zeigten, daß sich häufig nur ein Geschlecht bei einem ganz bestimmten Temperaturbereich ausbildet. Natürlich handelt es sich bei dem Phänomen um ein rein labormäßiges Problem, da in der Natur immer beide Geschlechter ausreichend vorhanden sind.

Die wärmebedingte Steuerung ist eine Alles-oder-Nichts-Entscheidung: So entstehen bei Temperaturen in einem engen mittleren Bereich ungefähr gleich viele Männchen und Weibchen. Es scheint sich um einen biologischen Schalter zu handeln, der auf einen bestimmten Schwellenwert eingestellt ist.

Dieses versucht man sich bereits heute zunutze zu machen, indem durch gezieltes Ausbrüten von Meeresschildkröteneiern bei einer bestimmten Temperatur eine Steigerung der Weibchenrate unter den Schlüpflingen erzielt werden soll, um so eine höhere Vermehrungsrate in der Zukunft zu erhalten.

Zum allerersten Mal wurde dieser Mechanismus von CHARNIER, 1966, bei den Agamen, genauer bei *Agama agama* entdeckt. Untersuchungen zu diesem Mechanismus liegen bisher nur von verschiedenen Krokodil-, Schildkröten-, Gecko- und Agamenarten vor. Ob dieser Mechanismus für alle Agamen gilt oder ob einige Arten auch über Geschlechtschromosomen verfügen, ist derzeit nicht bekannt. Hier liegt ein riesiger Forschungsbedarf vor, zu dem die Terraristik etwas beitragen kann.

Es bleibt daher zu hoffen, daß zahlreiche Terrarianer in Zukunft das Geschlechtsverhältnis ihrer Nachzuchten in das Verhältnis zu den Zeitigungstemperaturen setzen, um so rechtzeitig zu verhindern, daß man am Ende nur Nachzuchten eines Geschlechts hat, und um auch endlich wichtige Aussagen über die Temperaturbereiche der TAGA treffen zu können.

Zucht, Eizeitigung und Aufzucht von Agamen

Angesichts der enormen Artenvielfalt innerhalb der Familie der Agamen dürfte wohl jedem klar sein, daß auch dieses Thema nur überblicksweise abgehandelt werden kann. Wichtige Einzelheiten, die nur für eine Art oder Gattung zutreffen, sind deshalb in den Artenbeschreibungen erwähnt.

Die wichtigste Voraussetzung für eine erfolgreiche Nachzucht ist ein artgerechtes Terrarium, dazu gehören auch das Nachgestalten des natürlichen Klimas, eine ausgewogene Ernährung und ein gesundes, gut harmonierendes Agamenpärchen.

Der normale Weg, sich Tiere zu verschaffen, ist der Kauf von Nachzuchten bei anderen Terrarianern. Sehr hilfreich ist hierbei das DGHT-Anzeigenjournal (Deutsche Gesellschaft für Herpetologie und Terrarienkunde, Postfach 14 21 in 53359 Rheinbach), das viermal im Jahr erscheint und in dem die über 6000 Mitglieder angeben, welche Tiere sie abgeben und welche sie suchen.

Da in den letzten Jahren die Zahl der Nachzuchten bereits erheblich gestiegen ist, kann man inzwischen teilweise sogar bei Händlern Nachzuchten erstehen.

Wer die Wahl hat, sollte Nachzuchten den Wildfängen immer vorziehen. Dies nicht nur aus Naturschutzgründen, sondern auch, weil man dann weiß, wie alt die Tiere sind, der Züchter einem die wichtigsten Angaben zu Fragen der Haltung geben kann und die Tiere gesund und parasitenfrei sein müßten.

Ferner sollte man bei der Anschaffung von Agamen immer darauf achten, daß man sich auch ausreichend Tiere einer Art besorgt. Von Arten, die in Gruppen gemeinsam gepflegt werden und deren Geschlecht als Jungtier nicht zweifelsfrei erkennbar ist, zieht man grundsätzlich ein oder zwei Tiere mehr gemeinsam auf. Denn man erkennt recht schnell, welche Tiere unterdrückt werden oder einfach nicht mit der Gruppe harmonieren, und diese kann man dann später wieder abgeben.

Für eine erfolgreiche Zucht ist die Gruppenzusammensetzung ganz entscheidend. So ist es sicherlich förderlich, wenn die Männchen sich gegenseitig durch ihr Droh- und Imponierverhalten zum Balzverhalten und später zur Paarung anregen. Jedoch ist es gerade in dieser Zeit besonders wichtig, daß genügend Ausweichflächen und verdeckte Versteckplätze für die rangniederen Männchen vorhanden sind.

Auch im Terrarium kann man die zwei unterschiedlichen Fortpflanzungstypen beobachten: Zum einen die Arten, die das ganze Jahr hindurch in regelmäßigen Abständen Eier legen, und zum anderen die Arten mit einer saisonalen Fortpflanzungsperiode (leider gibt es natürlich auch hier wieder alle Arten von Zwischenformen). Die erste Gruppe, zu ihr gehören die meisten subtropischen Regenwaldbewohner, ist die unkompliziertere, da das aufwendige Nachgestalten der Jahres- oder Regenzeiten entfällt. Bei ihnen reicht es völlig aus, ein Pärchen oder eine kleine Gruppe einer Art gemeinsam artgerecht zu pflegen, da

es fast zwangsläufig nach einer Eingewöhnungsphase auch zur Fortpflanzung kommt.

Ist die Paarung erfolgt, müssen die Weibchen ausreichend und möglichst hochwertig ernährt werden. In der ersten Zeit nehmen die Weibchen schnell an Körperumfang zu. Spätestens eine Woche oder teilweise noch länger vor der Eiablage oder Geburt reduzieren sie die Futteraufnahme oder stellen sie sogar ganz ein. Während der Trächtigkeit weisen die Weibchen einiger Arten eine stark erhöhte Aggressivität und/oder Streßempfindlichkeit auf.

Ebenfalls immer unerläßlich sind geeignete Eiablageplätze, da die Tiere häufig sehr spezielle Ansprüche an sie haben. Das Fehlen entsprechender Eiablagestellen im Terrarium kann zu Legenot und damit zum Tod des Weibchens führen.

Am einfachsten hat man es da bei den Arten, die zur Eiablage lediglich eine Kuhle in den leicht feuchten Boden graben und ihre Eier dort verstecken. In der Regel sind diese Spezies recht anspruchslos und nehmen sogar extra aufgestellte Blumentöpfe oder ähnliches zur Eiablage an.

Schwieriger ist es da schon bei Arten, die für ihre Nester richtige Höhlen graben. Nicht nur der Platz muß richtig gewählt sein, hier muß auch noch das Substrat stimmen, damit die Tiere in ihm leicht graben können, andererseits die Höhle trotzdem stabil bleiben kann. Für die zahlreichen kleinen Arten stellt auch dies kein Problem dar, da ihre Gänge in der Regel in geeigneten Substraten stabil bleiben. Schwieriger wird es da aber bei den großen Arten. Kaum jemand wird in der Lage sein, seiner Dornenschwanzagame einen geeigneten Eiablageplatz anzubieten, wo sie zumindest eine körperlange Höhle graben kann, an deren Ende sie ihre Eier ablegt. Man kann leicht beobachten, daß für die

Agamen gerade dieses Gefühl, sicher in einem Gang verborgen zu sein, und gleichzeitig Körperkontakt zumindest beim Aufrichten des Kopfes zu haben, unverzichtbare Voraussetzung für eine problemlose Eiablage ist. Deshalb empfiehlt sich das Anlegen eines Eiablageplatzes in Form einer Ablagekiste aus Holz. Die Gänge im Kasten sollten je nach Art unterschiedlich hoch sein, um den notwendigen Kontakt zur Decke zu ermöglichen und dabei ausreichend lang sein. Diese Kiste verbirgt man dann zumindest teilweise im Bodengrund des Terrariums, wobei der Eingang an einer besonders exponierten Stelle liegen sollte. Die Weibchen vergraben ihre Eier, wenn sie die Ablagekiste angenommen haben, am Ende des Ganges im Bodengrund.

Vergleicht man die bevorzugten Eiablageplätze, so stellt man immer wieder fest, daß am liebsten feuchte und warme Stellen gewählt werden. In Wüstenterrarien stellt man daher zur Eiablage Behälter, die mit leicht feuchtem Sand gefüllt sind, diese sollten sich auch an einem möglichst warmen Platz befinden. Um den Weibchen das Suchen nach einer geeigneten Stelle zum Graben zu erleichtern, kann man eine flache Steinplatte oder ähnliches auf die feuchte Erde legen, an deren Kante die Tiere meist zu graben beginnen.

Die Eier sollten immer sofort aus dem Terrarium entfernt werden, damit sie nicht Terrarienmitbewohnern oder aber Futtertieren wie Grillen, Schaben usw., zum Opfer fallen. Nicht vergessen darf man, daß viele Arten von Natur aus Echsenfresser sind und ganz gerne mal ein eigenes Jungtier verschlingen. Auch bei den lebendgebärenden Spezies sollten die Nachzuchten, wenn sie geboren sind, sofort aus dem Terrarium entfernt und in einem separaten Aufzuchtterrarium aufgezogen werden.

Bei der Entnahme der Eier ist äußerste

Vorsicht geboten. So muß das Gelege erst vorsichtig freigelegt werden, damit die Oberseite der Eier mit einem weichen Bleistift gekennzeichnet werden kann, um ein Drehen der Eier bei der Entnahme zu vermeiden. Bei zahlreichen Arten scheint es keine Rolle zu spielen, ob die Eier bei der Entnahme oder später während der Entwicklung gedreht werden. Bei den Eiern anderer Agamenarten aber führt jede Drehung zum Absterben des Eis, wenn der Embryo sich erst einmal an der Oberseite des Eis angeheftet hat.

Die Eier werden in mäßig bis gut durchfeuchtetes Substrat überführt, wobei die Substratfeuchte grundsätzlich nach dem Herkunftsgebiet der Tiere festgelegt wird (Wüste trockener als Regenwald).

Als Zeitigungssubstrat eignen sich besonders Perlite und Vermiculite. Lediglich beim Kauf muß man darauf achten, daß es sich bei den Substraten um solche handelt, die auch für die Pflanzenkultur geeignet sind und nicht als Isoliermaterial auf dem Bau verwendet werden. Letzteres wird oft mit einem Imprägniermittel behandelt, welches die Eischalen auflöst.

Bei Perlite erkennt man den Grad der Substratfeuchte an dem Feuchtigkeitsniederschlag am Dosenrand. Im Vermiculite überprüft man sie, indem man es zwischen den Fingern zerdrückt. In beiden Zeitigungsbehältern darf nie von dem Substrat nichtaufgenommenes Wasser vorhanden sein. Da die genaue Feuchtigkeit nur recht schwierig festzulegen und festzustellen ist, empfiehlt es sich, bei einem erfahrenen Terrarianer Rat zu holen. Im allgemeinen gilt für das Vermiculite als Faustregel, daß das Substrat ausreichend feucht ist, wenn kein überschüssiges Wasser im Eizeitigungsbehälter vorhanden ist und das Substrat etwas Wasser freigibt, sobald es zwischen den Fingern zerdrückt wird.

Als Zeitigungsbehälter eignen sich klarsichtige, dicht schließende Plastikdosen, die jederzeit eine Kontrolle ohne Öffnen des Behälters ermöglichen. Bei Dosen, in denen Vermiculite als Substrat verwendet wurde, testet man die Substratfeuchte etwa alle 3 Wochen. Gleichzeitig sorgt das Öffnen des Behälters auch für einen ausreichenden Gasaustausch. Stellt man fest, daß das Substrat keine ausreichende Feuchtigkeit mehr aufweist, so muß es nachgefeuchtet werden. Dafür nimmt man vortemperiertes Wasser, welches vorsichtig am Dosenrand in den Zeitigungsbehälter gegeben wird, ohne daß dieses die Eier berührt.

Den Zeitigungsbehälter stellt man nun in einen Inkubator (Brutapparat). Je nach Herkunft sollte der Temperaturbereich zwischen 23 und 30 °C liegen. Bei zahlreichen Arten reicht es auch völlig aus, wenn die Zeitigungsdose an einem wärmeren Platz (zum Beispiel in die Nähe von Vorschaltgeräten oder Beleuchtungskörpern) aufgestellt wird, an dem die notwendigen Temperaturen vorherrschen (ggf. mit einem Thermometer einige Tage messen). Oftmals sind Jungtiere, die bei schwankenden Temperaturen (Tag-Nacht) ausgebrütet wurden, wesentlich agiler als Nachzuchten, die bei gleichbleibenden Temperaturen gezeitigt wurden. Dabei handelt es sich häufig um Arten, die ihre Eier nicht tief im Erdreich vergraben.

Die Wahl des Inkubators ist auch von entscheidender Bedeutung, da nicht alle Eier eine starke Hitze von oben, wie sie die Jäger-Brutglucken aufweisen, vertragen. Bei ihnen kann die Oberfläche austrocknen und verhärten, so daß die Jungtiere nicht mehr schlüpfen können. Wir empfehlen als Inkubator den Motorbrüter nach BROER & HORN (1985).

Hin und wieder können die Eier auch Pilzbefall aufweisen, den man aber mit einer antimykotischen Salbe oder einem Puder leicht in den Griff bekommen

kann. Die Mittel sind nach Herstellerhinweisen und ggf. (wenn sie rezeptpflichtig sind) unter Anleitung eines Tierarztes zu verwenden und vor Unbefugten gesichert aufzubewahren.

Nach 35 bis 120 Tagen ist es dann soweit. Der eigentliche Schlupf kündigt sich meist als Schwitzen der Eier an. Hierbei bilden sich auf der Eioberfläche mitunter zahlreiche kleine Wassertropfen, während das Ei dabei sein Volumen verringert. Mit Hilfe des Eizahns schlitzen die Jungtiere nun ihr Ei auf, meist sternförmig an einer Seite, aber teilweise auch durch einen Längsschnitt. Als erstes schieben sie ihre Schnauze ins Freie und verharren so noch einige Zeit, ehe sie spätestens am nächsten Tag das Ei ganz verlassen. Während dieser Zeit nehmen sie teilweise noch den Dotter in die Leibeshöhle auf und stellen den Körper auf die Lungenatmung um.

Kaum aus dem Ei, bewegen sich die Jungtiere äußerst flink und schreckhaft, so daß sich die Entnahme aus dem Zeitigungsbehälter bisweilen gar nicht so einfach gestaltet.

Die Aufzucht erfolgt in kleinen Terrarien, deren Einrichtung den Behältern der erwachsenen Tiere nachempfunden wurde. Bei Wüstenarten reicht es zum Beispiel völlig, wenn auf dem Sandboden einige Steinplatten als Versteckmöglichkeiten liegen.

Auch die anderen Bedingungen können ähnlich wie jene für die ausgewachsenen Tiere gehalten sein, nur sollten die Tageshöchsttemperaturen immer etwas niedriger liegen, da die Jungtiere ihren Mechanismus zur Temperaturregulierung noch nicht voll beherrschen und die kleinen Behälter eher zur Überhitzung neigen.

Wichtig ist es auch, daß in diesen kleinen Miniterrarien immer ein feuchter Rückzugsplatz, z. B. unter einem Korkstück in einer Ecke, vorhanden ist. Das gilt auch

Schlüpfling von
Gonocephalus chamaeleontinus.

für Wüstentiere, da die Jungtiere teilweise anfällig auf zu große Trockenheit reagieren.

Bei vielen Arten empfiehlt sich die gemeinsame Aufzucht gleichgroßer Tiere einer Art, da die Konkurrenz und der Futterneid die Tiere besser an das angebotene Futter gehen läßt. Jungtiere verschiedener Arten lassen sich nur schlecht gemeinsam großziehen, da die Tiere häufig eine unterschiedliche Scheu aufweisen und eine Art den anderen Arten das ganze Futter vor der Nase wegschnappt. Einmal täglich werden die Aufzuchtbehälter überbraust, wobei auch das Wasserschälchen stets frisch aufgefüllt wird. Gleichzeitig wird ausreichend Futter, immer gut mit einem Vitamin-Mineralstoff-Aminosäuren-Gemisch eingestäubt, ins Terrarium gegeben. Einige Arten gehen schon am Tag des Schlupfs an das Futter, während andere Arten erst nach einigen Tagen die erste Nahrung zu sich nehmen. Bis dahin leben sie noch von ihrem Dottervorrat.

Während der Aufzucht muß die Terrariengröße dem Wachstum der Nachzuchten angepaßt werden. Sie sollte jedoch auch nicht zu groß bemessen sein, da es sonst passieren kann, daß die Jungtiere nicht genügend Futter finden.

III. Terrarienhaltung

Der Anschaffung einer Agame sollte immer eine vernünftige Planung vorausgehen. Hierzu gehört insbesondere alles, was zu einer artgerechten Unterbringung der Tiere notwendig ist. Darüber hinaus ist es sehr wichtig, daß man sich rechtzeitig eine gut florierende Futterzucht zulegt. Ist die nötige Fachliteratur nicht vorhanden, sollte man sie sich jetzt besorgen. Hier seien vor allem die Spezialliteratur von WERNING, 1995, und WILMS, 1995, empfohlen.

Hat man sich nun entschlossen eine bestimmte Agamenart anzuschaffen, kann man sich mit der Fertigung und der Aufstellung des Terrariums beschäftigen. Dabei muß man natürlich auch wissen, welche Ansprüche die Tiere an ihre Umwelt stellen. Denn alle Fehler, die gemacht werden, bezahlen die Agamen in den meisten Fällen mit ihrem Leben.

Ebenfalls sollte man sich rechtzeitig Gedanken darüber machen, ob man auch in der Lage ist, die Eier zu zeitigen oder die Jungen aufzuziehen. Dazu gehören die passenden Aufzuchtterrarien sowie ausreichend Kleinstfutter.

Nach der Planung wird erst einmal das Terrarium aufgestellt, dabei richtet sich die Größe und die Beschaffenheit des Behälters nach der zu pflegenden Art. Tiere, die klettern, brauchen natürlich mehr Volumen als Agamen, die ausschließlich auf dem Boden leben. Diese benötigen dafür eine größere Bodenfläche. Da die meisten Arten sehr aggressiv sind, ist in der Regel nur eine paarweise Haltung anzuraten. Auf jeden Fall sollte jedes Terrarium verschiedene Versteckplätze aufweisen, an die sich die unterlegenen Tiere zurückziehen können.

Leider ist es heute unumgänglich, sich in diesem Zusammenhang einmal etwas genauer mit dem Artenschutz zu beschäftigen, da bereits zahlreiche Agamenarten unter die verschiedenen Schutzbestimmungen fallen. Aber nicht nur die Artenschutzbestimmungen spielen in naher Zukunft eine Rolle, sondern auch tierschutzrechtliche Bestimmungen wie die Mindesthaltungsanforderungen, der Befähigungsnachweis usw.

So muß man sich angesichts der sich immer weiter verschärften Artenschutzbestimmungen schon einmal mit diesem Thema auseinandersetzen, vor allem, weil zahlreiche Arten in der Natur extrem bedroht sind und eine nicht wissenschaftlich begründete Entnahme unverantwortlich wäre, aber auch wegen der rechtlich prekären Situation, in der sich jeder Pfleger geschützer Arten befindet.

Artenschutz

Man wird schon müde, den ewig gleichen Satz zu wiederholen: Artenschutz kann nur im Zusammenhang mit Biotopschutz sinnvoll sein. Was sich aber in den Verbreitungsgebieten abspielt, konnten wir auf zahlreichen Reisen selbst feststellen, und auch Sie können es fast täglich der Presse entnehmen.

Es sollte daher selbstverständlich sein, sich von den selten gewordenen Arten nur Nachzuchten anzuschaffen. Leider sind die geschützten Arten nicht unbedingt die bedrohten Arten.

Trotz dieser Widersprüche ist jeder Tierliebhaber zur Einhaltung der Artenschutzbestimmungen verpflichtet. Wir haben dieses Buch mit der Absicht geschrieben, den heutigen Kenntnisstand so gut es geht widerzuspiegeln und Anleitungen zur artgerechten Pflege zu geben, damit wir unserer Verantwortung gegenüber den Tieren auch gerecht werden. Denn gerade von der heutigen Terraristik hängt es ab, in welche Richtung der zukünftige Weg geht und welchen Imageverlust unser Hobby noch erleidet.

Die wichtigste Schutzbestimmung ist das Washingtoner Artenschutzabkommen, kurz WA genannt, welches den internationalen Handel mit Tieren regelt. Dem WA sind verschiedene Anhänge angegliedert, die die Schutzbedürftigkeit der einzelnen Art oder Gattung widerspiegeln sollen.

Für die Agamen ist nur der Anhang 2 von Bedeutung. Dort sind die nicht mehr ganz so streng geschützten Arten aufgeführt. Von den Agamen ist dies nur die Gattung der Dornschwänze *Uromastyx*.

Für diese Arten gilt, daß die Tiere nur noch mit einer CITES-Bescheinigung abgegeben werden dürfen. Diese Bescheinigung kann man auch als Personalausweis für geschützte Tiere betrachten. Seit dem 1. 1. 1984 ist sie in der Bundesrepublik Formvorschrift, und jeder verantwortungsvolle Terrarianer sollte sich deshalb nur Tiere mit den erforderlichen Papieren zulegen.

Jeder Dornschwanzagamenpfleger muß wissen, daß er seine Tiere bei der zuständigen Behörde (je nach Bundesland verschieden) anmelden muß. Auch die Nachzucht sowie der Verlust von Agamen müssen der Behörde innerhalb von 4 Wochen angezeigt werden. Es dürfte jedem klar sein, daß die Sachbearbeiter angesichts der Tatsache, daß die Terrarianer sicher nur die kleinste Gruppe der meldepflichtigen Tierliebhaber darstellen, in der Regel überfordert sind. Es ist daher immer ratsam, Kontakt mit der zuständigen Behörde aufzunehmen und mit dem Sachbearbeiter über die genaue Handhabung zu sprechen. Das erleichtert spätere Rückfragen und beugt Mißverständnissen vor.

Als weiteres Artenschutzgesetz ist in Deutschland noch die Bundesartenschutzverordnung, kurz BArSchV, für die Agamenhaltung von Bedeutung. Sie stellt einen zusätzlichen Schutz für angeblich bedrohte Arten dar und soll demnächst durch eine EG-Verordnung ersetzt werden. Auch sie ist wieder in verschiedene Anhänge aufgeteilt.

Von den Agamen sind eine ganze Reihe von Arten in ihr enthalten. Grob kann man sagen alle europäischen und australischen Arten. In der Handhabung bedeutet dies keinen Unterschied zum WA, nur die Formvorschrift CITES ist hier durch eine Ausnahmegenehmigung vom Vermarktungsverbot ersetzt worden.

Als einschlägige Literatur sei das neue Handbuch „Das neue Artenschutzrecht des BNA" empfohlen.

Agamen im Terrarium

Angesichts der enormen Arten- und Formenvielfalt ist nur natürlich, daß die einzelnen Agamenarten sich den unterschiedlichsten Lebensräumen und den verschiedensten Klimaten angepaßt haben. Dieses hat auch zahllose Konsequenzen für die Terrarienhaltung.

Neben diesen gegebenen Voraussetzungen ist die Terrarienpflege aber auch noch stark von der Anpassungsfähigkeit der einzelnen Art abhängig. Allgemein jedoch sind die Agamen sehr anspruchsvolle Pfleglinge, die ihr volles Verhaltensmuster erst bei nahezu perfekt artgerechter Haltung zeigen und auch erst dann zur Fortpflanzung schreiten. An den immer mehr zunehmenden Nachzuchterfolgen lassen sich der zunehmende Kenntnisstand und das Niveau der Terraristik gut ablesen. So stellt die Nachzucht von *Uromastyx acanthinurus*, vor Jahren noch eine Sensation, heute fast eine Alltäglichkeit dar.

Es zeigt sich, daß fast jede Art, wenn

auch teilweise nur mit enormem Zeitaufwand und Schwierigkeiten – erst Literaturstudium, Anschaffung des geeigneten Terrarientyps, Anlegen der notwendigen Futterzuchten und zum Schluß, wenn möglich, der Kauf von Nachzuchten oder die eigene Entnahme der Tiere aus der Natur –, gut halt- und nachziehbar ist.

Gerade das Beobachten der Tiere in der freien Natur gibt wichtigen Aufschluß über die Ansprüche an das Terrarium. Allerdings fehlen bis heute von verschiedenen Arten jegliche Freilandbeobachtungen, die Rückschlüsse auf die Terrarieneinrichtung, die Terrariengröße, das Klima im Habitat und das artgerechte Futter zulassen. Kennt man wenigstens den ungefähren Fundort seiner Pfleglinge, so kann man die fehlenden Klimadaten aus einem Klimakatalog entnehmen (zum Beispiel MÜLLER, 1983).

Allerdings sind diese allgemeinen Durchschnittswerte nur mit Vorsicht zu übernehmen. So sind die Temperaturen im Regenwald immer wesentlich niedriger und ausgeglichener als in seiner unmittelbaren Umgebung. Auch ist es nicht ratsam, alle in der Natur vorherrschenden Bedingungen, wie etwa Bodentemperatur von über 50 °C im Wüstenterrarium oder sintflutartige Niederschläge im Regenwaldbehälter, im Terrarium nachzugestalten. Gleichwohl müssen die natürlichen Tag-Nacht-Schwankungen sowie die Jahreszeiten stets imitiert werden.

Wenn der Entschluß gefaßt ist, ein Terrarium zur Pflege von Agamen anzuschaffen, so muß man sich als erstes Gedanken zum Aufstellplatz machen. Dieses immer wieder auftauchende Problem sollte nicht vernachlässigt werden, da es ganz entscheidenden Einfluß auf das Terrarienklima hat. Nur in den seltensten Fällen wird man seine Terrarien in einem exakt ausgerichteten Klimaraum aufstellen können.

Der wichtigste Faktor ist die Temperatur. Können die Sonnenstrahlen ein Terrarium mit ihrer ganzen Kraft erreichen, so steigen die Temperaturen sehr schnell in einen für Reptilien nicht mehr erträglichen Bereich. Bei sehr kleinen Behältern, zum Beispiel Aufzuchtterrarien, reichen mitunter wenige Minuten oder selbst eine nur schwache Sonneneinstrahlung, um die Temperatur über die maximal erträglichen Werte steigen zu lassen. Der häufig in der Literatur zu findende Hinweis, einen Terrarienaufstellplatz so zu wählen, daß eine gewisse direkte Sonneneinstrahlung möglich ist, bezieht sich wohl ausschließlich auf Gazeterrarien, in denen es niemals zum Hitzestau kommen kann. Ferner muß man bedenken, daß die Sonnenstrahlen zur Winterzeit mit einem wesentlich schrägeren Winkel einfallen und somit in der Lage sind, Behälter zu erreichen, die vorher außerhalb der Sonneneinstrahlung lagen.

Je größer ein Terrarium ist und je besser es belüftet wird, desto weniger ist die Gefahr der Überhitzung gegeben.

Bei den einzelnen Arten gibt es erhebliche Unterschiede. Während es einigen Agamenarten scheinbar gar nicht zu warm sein kann, sie fühlen sich teilweise erst bei 40 °C richtig wohl, ist für andere Arten dann bereits das lebensbedrohliche Maximum erreicht. Hohe Temperaturen vertragen vor allem die Arten aus trockenen Gebieten. Sehr empfindlich gegen hohe Temperaturen sind oftmals die Bergwaldbewohner, wie zum Beispiel die *Ceratophora*arten.

Um diesem Problem vorzubeugen und das Terrarienklima selbst bestimmen zu können, empfiehlt sich als Aufstellplatz ein Nordzimmer oder ein gut isolierter Kellerraum. Es ist immer erheblich leichter, die Temperaturen im Terrarium zu erhöhen, als sie künstlich zu senken.

Pflegt man europäische Agamen oder Arten aus den Steppen Zentralasiens im

Keller, so braucht man zur Einhaltung der Winterruhe in der Regel nur die Heizung abzustellen und die Beleuchtungsdauer zu reduzieren, was die Pflege wesentlich vereinfacht.

Wichtig ist natürlich auch, daß die Temperaturen nicht zu stark absinken, was je nach gepflegter Art und imitierter Jahreszeit unterschiedlich zu handhaben ist. Die größte Gefahr geht dabei von Gewächshäusern und Wintergärten aus, aber auch in einem schlecht isolierten Keller können die Temperaturen unter die Frostgrenze sinken. Hier muß man Vorsorge tragen, indem man dort eine mit elektronischem Temperaturfühler gesteuerte Heizung installiert, welche ein zu starkes Absinken der Temperaturen verhindert.

In jedem Fall sollten die Temperaturen vor dem Besetzen des Beckens mit Tieren über einen längeren Zeitraum gemessen werden.

Kauf oder Eigenbau eines Terrariums?

Dieses ist wohl nur noch eine Frage des handwerklichen Geschicks. Die meisten Zoofachgeschäfte verfügen über ein reichhaltiges Angebot an Terrarien, aber auch spezielle Behälter werden nach eigenen Angaben gefertigt. Ein Preisvergleich ist hierbei natürlich angebracht.

In zahlreichen Fachzeitschriften (zum Beispiel DATZ, elaphe, Reptilia usw.) bieten sowohl private Beckenkleber wie auch Firmen ihre Terrarien an.

Berücksichtigt man die Ansprüche der Agamen, dann spielt es keine Rolle, ob das Terrarium aus einem Holz-, Eisen-, Alu- oder Kunststoffrahmen oder ganz aus Glas gefertigt wurde. Natürlich muß man die einzelnen Produkte einer Behandlung unterziehen. So muß der Holzrahmen imprägniert, der Eisenrahmen verzinkt oder mit einer ungiftigen

Rostschutzfarbe gestrichen werden. Glasscheiben sollten auf jeden Fall geschliffen sein. Für die Lüftungsschlitze werden nur Kunststoff-, verzinkte oder Alugaze verwendet. Anregungen zum Selbstbau findet man u. a. bei NIETZKE (1978), LILGE & VAN MEEUWEN (1987) und HENKEL & SCHMIDT (1996), aber auch der Kontakt zu anderen Terrarianern kann hilfreich sein. Bei allen sind selbstverständlich die üblichen Vorsichts- und Sicherheitsmaßnahmen einzuhalten (fachlichen Rat einholen!), Unbefugte fernzuhalten und Herstellerhinweise zu beachten.

Terrarientypen

Im folgenden werden vier Terrarientypen vorgestellt, auf die später bei den Artenbeschreibungen Bezug genommen wird. Diese vier Typen stellen nur eine kleine Auswahl der verschiedenen Möglichkeiten dar. Für einzelne Arten kann es durchaus auch andere, besser geeignete Unterbringungsmöglichkeiten geben. Wir wollen hier keine Anleitungen zur Planung oder zum Bau geben, diese entnehmen Sie bitte dem Buch: „Terrarien – Bau und Einrichtung" von HENKEL & SCHMIDT, 1996.

I. Das Terrarium mit großem Wasserteil (Paludarium)

Dieser Terrarientyp eignet sich, wie der Name schon sagt, zur Pflege der sogenannten Wasseragamen. In der Regel handelt es sich dabei um recht robuste Arten, die nicht so sehr an einen bestimmten Lebensraum angepaßt sind, wenn man einmal von dem riesigen Wasserteil und der typischen Uferbepflanzung absieht. Diese Terrarien haben ein großes Lüftungsgitter im Deckel und ein kleineres in der Front, so daß keine Stickluft entstehen kann und die hohe relative Luftfeuchtigkeit sich noch einige Zeit nach dem Sprühen hält.

Terrarientyp A: Paludarium.

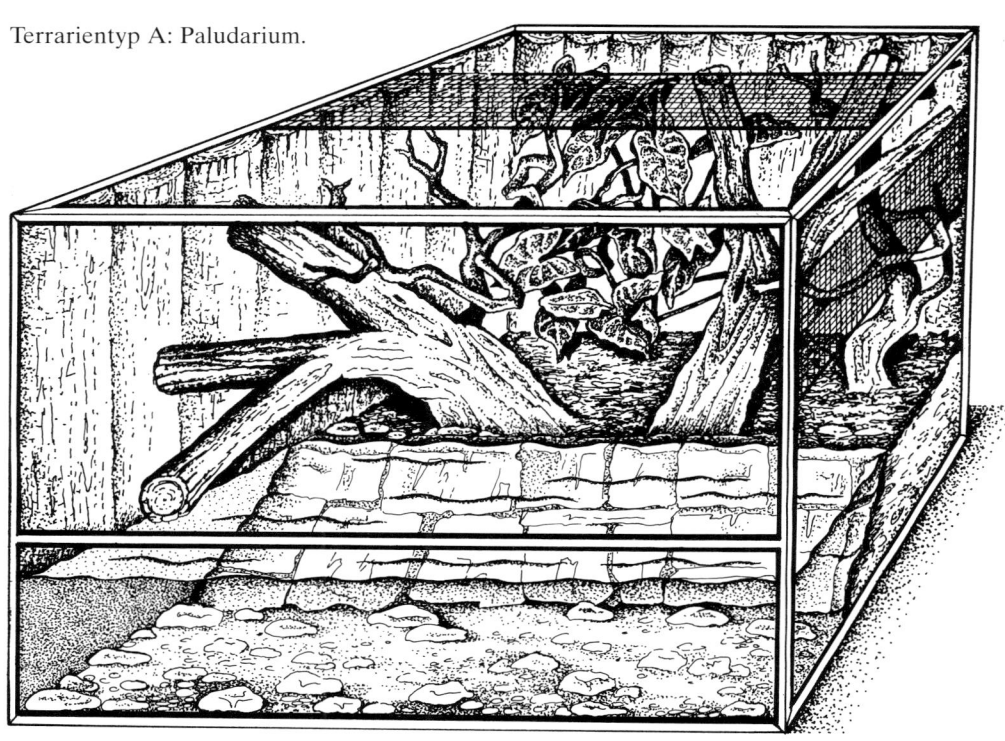

Terrarientyp B: Regenwaldterrarium.

42

Terrarientyp C: Felsenterrarium.

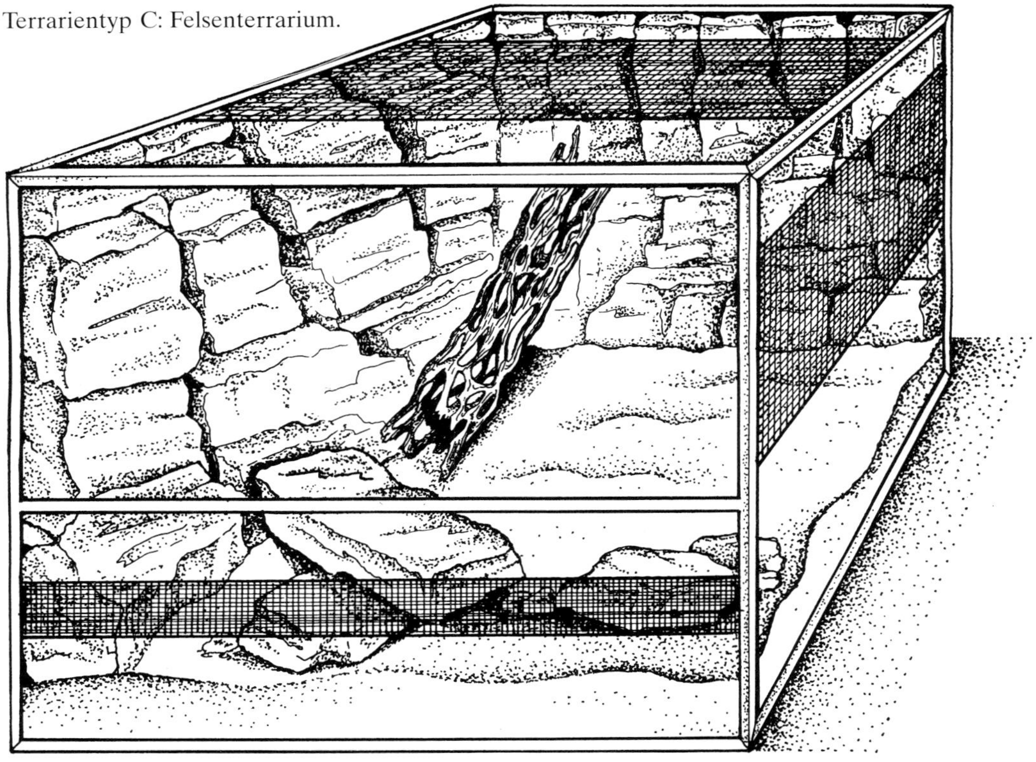

Terrarientyp D: Wüstenterrarium.

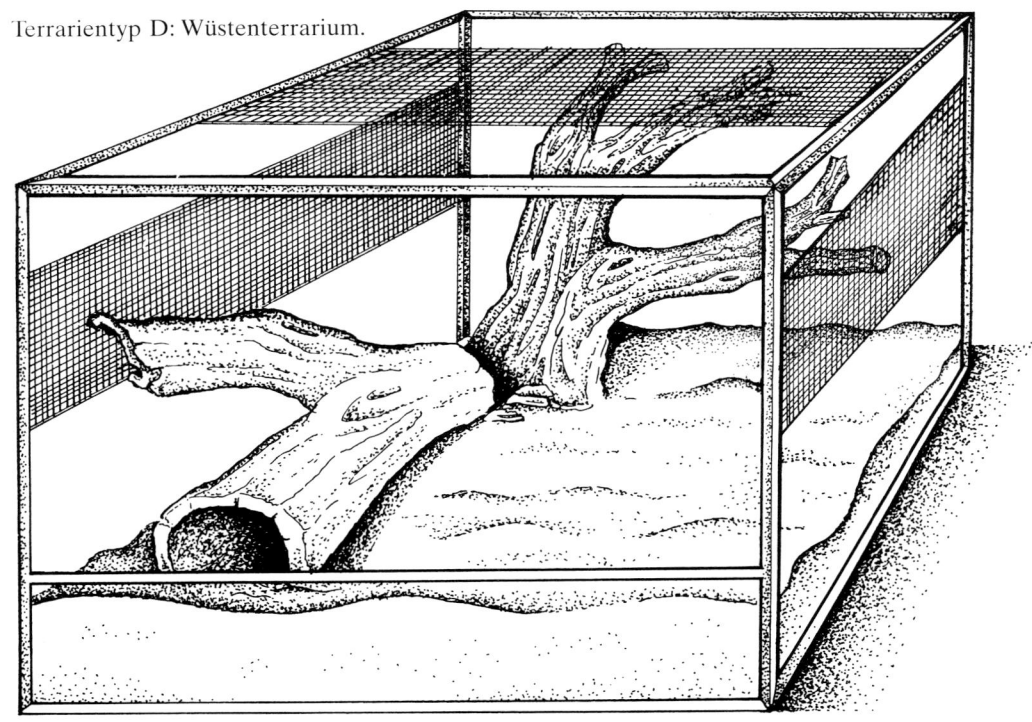

II. Das Urwaldterrarium

Dieser Terrarientyp eignet sich für alle Agamenarten, die in den asiatischen und australischen Regenwäldern zu Hause sind. Das Becken wird durch ein kleines Gitter in der Seite oder in der Front sowie durch ein weiteres im Deckel belüftet. Dabei dürfen die Lüftungsflächen nicht zu groß sein, damit die relative Luftfeuchtigkeit nicht zu stark absinkt. Die Terrarien sollten immer höher als lang und tief sein, da fast alle Arten gerne klettern.

III. Das Felsterrarium

Das Felsterrarium sollte relativ große Lüftungsflächen besitzen. Sie sollten etwa so groß gewählt sein, daß die Nässe nach dem Überbrausen des Terrariums innerhalb kurzer Zeit (maximal 2 Stunden) wieder vollständig verdunstet. Geeignet ist dieser Terrarientyp für alle Wüsten und Trockensavannen bewohnenden Agamenarten, die überwiegend als Felsenkletterer leben. Da viele von ihnen sich auch gerne einmal auf dem Boden aufhalten, eignet sich hier besonders die Würfelform. Für die meisten anderen Arten sollte das Terrarium eher höher als lang oder tief sein.

IV. Das Wüstenterrarium

Auch dieser Terrarientyp sollte wieder über eine gute Lüftung verfügen. Pflegt man Arten, die nicht gerne springen oder klettern, so kann man auch einen oben offenen Behälter verwenden. Die Bodenfläche sollte möglichst groß gewählt sein, so daß die Tiere ihre Beute auch in einem kurzen Sprint verfolgen können. Ansonsten kann die Terrarieneinrichtung möglichst schlicht gehalten werden.

Das Freilandterrarium

Wer die Möglichkeit hat, sollte seinen Agamen einen „Sommerurlaub" im Garten oder auf dem Balkon ermöglichen,

da er eine willkommene Abwechslung zum normalen „Terrarienalltag" darstellt. Häufig zeigen die Tiere, aufgrund der enormen Lichtintensität, erst hier ihre volle Farbenpracht. Auch läßt sich bei einigen Arten eine deutliche Aktivitätssteigerung feststellen.

Allerdings kann man seine Tiere meist nur an wenigen Tagen im Jahr im Garten pflegen, denn zur artgerechten Haltung gehören Bedingungen, wie zum Beispiel hohe Temperaturen, die bei uns nur während einiger Sommertage im Jahr gegeben sind. Wichtig ist jedoch die Beachtung bestimmter baulicher Besonderheiten. Natürlich muß dieses Terrarium ausbruchssicher sein, was unter anderem bedeutet, daß es mit einer festen Bodenplatte ausgestattet sein sollte, damit sich die Tiere nicht ver- bzw. ins Freie graben können. Auch sollten der Deckel und die Seitenwände aus Gaze bestehen, damit sich kein Hitzestau bilden kann und die Agamen ein ungefiltertes Sonnenbad nehmen können. Die Einrichtung ist möglichst einfach zu gestalten, was ggf. die häufige Entnahme erleichtert.

Besonders für die Unterbringung der großen Arten sind stabile Volieren geeignet. Beim Aufstellen eines Freilandterrariums sollte immer ein halbschattiger Platz gewählt werden, der es den Tieren ermöglicht, sich bei Bedarf aus der Sonne zu entfernen.

Da die Sonnenscheindauer in den Heimatländern, besonders in den Hochlagen, häufig wesentlich länger und intensiver ist, sollte das Freilandterrarium an bewölkten Tagen immer mit einer Gartenleuchte lokal beleuchtet werden. Auf diese Weise ist sichergestellt, daß sich die Agamen wenigstens an einer Stelle bis auf ihre Vorzugstemperatur erwärmen können. Ferner sind die Sommer in den Verbreitungsgebieten wesentlich trockener, so daß die Tiere durch ein mindestens die halbe Freilandanlage überdeckendes Dach gegen zuviel Regen geschützt sind. Natürlich müssen die Gehege auch gegen Hunde, Nager, Katzen und Vögel (Krähen, Elstern usw.) gesichert werden.

Da es sich bei den geeigneten Arten fast immer um Tiere aus trockeneren Gegenden handelt, die in der Regel Bodenbewohner sind, sollte auch die Terrarieneinrichtung in der Regel einem Steingarten mit spärlichem Bewuchs ähneln. Lediglich ein dichter schattenspendender Busch sollte immer vorhanden sein. Spätestens ab September sollten die Agamen wieder in ihrem „Winterterrarium" gepflegt werden.

Terrarientechnik

Ohne den Einsatz moderner technischer Hilfsmittel ist das Betreiben eines Terrariums heute nicht mehr denkbar. Das fängt an bei dem täglichen Ein- und Ausschalten der Beleuchtung und endet bei der mittels Feuchtigkeitsfühler ausgelösten Beregnung der Behälter.

Das wichtigste technische Hilfsmittel ist dabei die gute alte Zeitschaltuhr, mit der nahezu alle, sich täglich wiederholenden Arbeiten automatisiert werden können. Mit ihr lassen sich die Beleuchtung, die Strahler, die Belüftung mittels Ventilator sowie die Heizung ein- und ausschalten. Selbst die mitunter nur einige Sekunden sprühende Beregnungsanlage kann mit ihrer Hilfe gesteuert werden.

Ohne Zeitschaltuhren wäre die Steuerung eines einzigen Terrariums bereits eine tagesfüllende Aufgabe und die einer Terrarienanlage wohl kaum noch zu bewältigen. Auch sollte man immer bedenken, daß man Dank ihrer Hilfe getrost mal mehrere Tage in den Urlaub fahren kann, ohne daß täglich jemand die Beleuchtung ein- und ausschalten muß. Ferner führt die Gleichmäßigkeit zu einer dem Wohlergehen der Agamen sehr vorteilhaften Gewöhnung. So wissen zum Beispiel die Wüstenagamen genau, wann die Sprühanlage frühmorgens zu sprühen beginnt. Während dieser kurzen Zeit verbergen sie sich in ihrem Versteck, das sie anschließend sofort verlassen, um einige Wassertropfen aufzunehmen. Andere Arten hingegen kommen gezielt aus ihrem Versteck hervor, um das kurze Bad zu genießen. Auf diese Art erhält der Terrarianer genügend Zeit zum Beobachten seiner Tiere, da als einzige täglich anfallende Arbeit noch die Fütterung bleibt.

Heizung

Da es sich bei den Agamen um wechselwarme Tiere handelt, die von ihrer Umgebungstemperatur und von der Strahlungswärme abhängig sind, kommt der Heizung entscheidende Bedeutung zu. So benötigen Agamen zu ihrem Wohlbefinden immer einen spezifischen Temperaturbereich, in dem die wichtigsten Körperfunktionen erst normal ablaufen können und sie ihr sehr abwechslungsreiches Verhalten zeigen. Dieser Temperaturbereich kann sehr unterschiedlich sein und variiert von Art zu Art.

Dabei unterscheidet man zwei unterschiedliche Temperaturbereiche: Zum einen die Aktivitätstemperatur, also den Bereich, in dem die Echse grundsätzlich „aktiv" ist. Er liegt in der Regel zwischen 18 und 35 °C und höher. Zum anderen die Vorzugstemperatur, diese liegt in der Regel höher als die Aktivitätstemperatur und wird als Körperwärme des Tieres gemessen.

Im Gegensatz zu ihr spiegelt die Aktivitätstemperatur lediglich die Umgebungstemperatur wider. Daraus wird schon ersichtlich, daß zum einen das Terrarium auf eine gewisse Schwelle erwärmt werden muß, und daß man zum anderen den Agamen eine Möglichkeit bieten muß, sich lokal auf ihre Vorzugstemperatur zu erwärmen (möglichst in Form eines Strahlers, weil Strahlungswärme [Sonne] am natürlichsten ist). Steigt die Umgebungstemperatur längerfristig über die Vorzugstemperatur, so sterben die Echsen den Hitzetod.

Um den Agamen eine richtige Thermoregulation zu ermöglichen, sollte im Terrarium immer ein gewisses Temperaturgefälle zwischen einem höher als die Vorzugstemperatur bis weit darunter liegenden Niveau vorhanden sein. Es gibt keinen individuellen Spielraum, sondern nur physiologische Zwänge! Ferner benötigen die Tiere zum Wohlbefinden teilweise sogar eine enorme Tag-Nacht-Schwankung und einen gewissen Jahresrhythmus, der sich mit Hilfe der Zeitschaltuhr leicht imitieren läßt.

Wie schon erwähnt, wäre die Strahlungswärme die natürlichste Art ein Terrarium zu beheizen, was sich jedoch nur schwer realisieren läßt. Am einfachsten beheizt man das Terrarium von unten mittels Heizmatte, Heizplatte oder anderer speziell für Terrarien entwickelter Heizgeräte, die nur eine milde, aber ausreichende Wärme abgeben. Der Fachhandel hält eine riesige Palette von geeigneten Produkten bereit. Wichtig ist, daß derartige Vorrichtungen immer nach unten isoliert werden, um einen Wärmeverlust zu verhindern.

Mittels Unterhitze läßt sich auch das Terrarienklima, insbesondere die relative Luftfeuchtigkeit, steuern. Bringt man zum Beispiel die Heizung unter oder in dem Wasserbecken bzw. unter nassen oder feuchten Erdpartien an, so steigt die relative Luftfeuchtigkeit erheblich schneller als bei einer Erwärmung trockener Bodenpartien. Sicherheitsbestimmungen und Herstellerhinweise sind zu beachten.

Ein sehr großes Problem stellt das Beheizen von Großterrarien dar, da meist mehrere Kubikmeter Luft erwärmt werden müssen. Mittels Bodenheizung ist das nicht problemlos zu erreichen, da der Boden in diesem Fall auf etwa 80 °C erwärmt werden müßte. Dieses Problem löst man am besten durch eine Fußbodenheizung, die zusätzlich noch in die Wand verlegt wird, so daß nun Boden und Wand erträgliche Temperaturen aufweisen und gleichzeitig das Terrarium auf die gewünschte Lufttemperatur erwärmt wird. Für Großterrarien empfiehlt sich aus Energiespargründen immer nur der Einsatz einer normalen Fußbodenheizung (Warm-Wasser-System), welche an die normale Wohnungs- oder Hausheizungsanlage angeschlossen wird, denn die Verwendung von Strom dürfte unbezahlbar sein.

Nicht vergessen darf man jedoch, daß es sich bei den meisten Agamenarten um rein tagaktive heliophile Echsen handelt, so daß die Terrarien immer in erster Linie mit Strahlern beheizt werden müssen.

Vor dem Besetzen eines Terrariums sollte man immer an verschiedenen Stellen mit Hilfe eines Maximum-Minimum-Thermometers die Temperaturen messen. Wenn dann die Werte nicht im gewünschten Bereich liegen, lassen sich vor dem Besetzen noch leicht die notwendigen Korrekturen durchführen. Neben der Wärme wird auch üblicherweise noch die relative Luftfeuchtigkeit samt ihren Schwankungen mit Hilfe eines Haarhygrometers gemessen und das Terrarium gegebenenfalls auf die erforderlichen Werte eingestellt.

Weitere Ausführungen und Anregungen finden sich bei HENKEL & SCHMIDT, 1996.

Beleuchtung

Neben der Temperatur spielt bei den Agamen die Beleuchtung eine mindestens ebenso wichtige Rolle. So ist ihre

Aktivität hauptsächlich von den Lichtverhältnissen abhängig, an denen sie Ruhe- und Aktivitätsphasen sowie den Tag-Nacht-Rhythmus erkennen. Wichtig ist auch, daß der Jahrestemperaturenzyklus in Übereinstimmung mit der Beleuchtung geschaltet wird, da für zahlreiche wichtige Funktionen bis heute nicht geklärt ist, ob die Temperatur, die Photoperiode (Beleuchtung) oder eine Kombination aus beiden als Auslöser verantwortlich ist, so zum Beispiel für die Fortpflanzung. Aus diesem Grund wollen wir uns hier sehr ausführlich mit diesem Thema auseinandersetzen.

Ideal wäre ein Plexiglasdach über dem Abstellplatz des Terrariums, wie es zum Beispiel in Wintergärten und besonders in zahlreichen zoologischen Gärten vorhanden ist. Im Gegensatz zu vielen anderen Terrarientieren scheinen die Agamen bis auf die Regenwaldformen fast ausschließlich aus Sonnenanbetern zu bestehen. Deutlich kann man dies beobachten, wenn man seine Tiere zu einem „Sommerurlaub" in ein Freilandterrarium oder eine Voliere auf dem Balkon entläßt. Erst hier zeigen die Tiere ihr schönstes Farbkleid und ihre volle Aktivität. Es scheint sicher, daß der Stoffwechsel durch größere Lichtintensität positiv angeregt wird. Ein weiterer Grund mag in der natürlichen UV-Strahlung liegen.

Um den Tieren eine möglichst angemessene Lichtstärke zu bieten, aber auch aus Energiespargründen sollten als Terrarienbeleuchtung nur hochwertige Strahler und Leuchtstoffröhren eingesetzt werden. Ferner müssen alle Beleuchtungskörper und Leuchtstoffröhren mit Reflektoren ausgestattet sein, da sich so die Lichtmenge nochmals um bis zu 40 % steigern läßt.

Besonders geeignete Leuchtstoffröhren sind die Modelle aus der Serie „lumilux" von Osram und „TL" von Philipps. Da in der letzten Zeit vermehrt neue Röhrenarten mit sehr sonnenlichtähnlichen Farbspektren und guter Lichtausbeute auf den Markt gekommen sind, sollte man sich vor jedem Kauf über die aktuellen Möglichkeiten informieren.

Eine der wichtigsten Fragen, die sich in diesem Zusammenhang immer wieder stellt, lautet: Wie viele Röhren benötige ich für ein bestimmtes Terrarium bzw. wieviel Licht braucht meine Agame? Diese Frage läßt sich nicht immer einfach beantworten. Die Lösung ist abhängig von der gepflegten Art sowie von der Terrarientiefe und -höhe. Generell läßt sich sagen, daß Terrarien mit einer Höhe über 80 cm (bei bodenbewohnenden Sonnenanbetern 40 cm) nur noch mit Metalldampfentladungslampen beleuchtet werden sollten. Für Bodenbewohner empfiehlt es sich daher immer, eine möglichst geringe Terrarienhöhe zu wählen, damit noch genug Licht bei den Tieren ankommt.

Für die größeren Terrarien oder die Pflege besonders lichthungriger Arten, wie zum Beispiel *Uromastyx* und insbesondere die Spezies der alten Gattung *Agama,* eignen sich nur noch die Metalldampfentladungslampen, wie zum Beispiel die Quecksilberdampf- (HQL) und die sehr teuren Joddampfentladungslampen (HQI). Auch sie können nur mit Vorschaltgeräten betrieben werden, sind jedoch in der Regel im Aquarienhandel als komplette Strahler mit Reflektor erhältlich. Neben der enormen punktförmigen Lichtabgabe haben sie noch den Vorteil, daß sie wie die Sonne eine gewisse Strahlungswärme abgeben, welche die Agamen gerne annehmen. Jedoch sollte, um Verbrennungen zu vermeiden, immer ein gewisser Mindestabstand zwischen möglichem Aufenthaltsort der Tiere und der Lampe gewahrt werden.

Die Beleuchtungsdauer sollte, wenn nötig, mit dem Jahresrhythmus schwanken oder etwa 14 Stunden täglich betragen. Steht das Terrarium in einem vielbenutzten Zimmer, so gewöhnen sich die Tiere schnell an das Leben außerhalb des Beckens und lassen sich nicht davon stören, so daß man sie unbeeinträchtigt beobachten kann.

In diesem Zusammenhang müssen wir noch kurz auf die Frage „Benötigen die Reptilien UV-Licht?" eingehen. Auch für die Agamen läßt sich diese Frage uneingeschränkt mit „nein" beantworten. Zahlreiche Terrarianer züchten verschiedene Agamenarten seit mehreren Generationen ohne Probleme, obwohl sie ihre Tiere nie einer UV-Bestrahlung aussetzen. Allerdings setzt dies eine ausreichende Vitamin-D_3-Versorgung voraus.

Ganz unbestritten ist in diesem Zusammenhang jedoch die vitalitätsfördernde Eigenschaft des UV-Lichtes, die sich besonders bei der Aufzucht bemerkbar macht. Es empfiehlt sich deshalb, seinen Tieren eine gewisse UV-Beleuchtung zukommen zu lassen. Dafür eignen sich am besten die Ultra-Vita-Lux-Lampen von Osram, mit denen die Tiere aus mindestens einem Meter Entfernung täglich 5 Minuten bestrahlt werden können.

Sprüh- und Nebelanlagen

Ebenfalls eine ganz wesentliche Arbeitserleichterung für das Terrarium stellen die vollautomatischen Sprüh- oder Beregnungsanlagen dar, da man mit ihrer Hilfe die Becken regelmäßig, ganz nach individuellem Bedarf, beregnen lassen kann. Auf diese Weise bietet man seinen Tieren auch die Gelegenheit, zu festen Zeiten, etwa frühmorgens als Imitation des Taues, ·stets zugleich genügend Wasser aufzunehmen. Der größte Vorteil einer Beregnungsanlage liegt aber in der durch sie gewonnenen Unabhängigkeit, da nun während des Urlaubs, aber auch schon bei kürzeren Abwesenheiten

vom Zuhause, nicht täglich jemand nach den Terrarien zu schauen braucht.

Nähere Informationen und Bauanleitungen finden sich bei HENKEL & SCHMIDT (1996).

Terrariengestaltung und -einrichtung

Das Einrichten eines Terrariums beginnt mit dem Verkleiden der Seitenscheiben und der Rückwand. Je nach Habitat hat man dabei die verschiedensten Möglichkeiten. Als ideal für alle Terrarientypen hat sich das Bekleben der Wände mit dünnen Korkplatten bewährt, da diese auch gegen Feuchtigkeit relativ resistent sind und den Tieren Gelegenheit zum Klettern bieten. Korkplatten gibt es in den unterschiedlichsten Stärken und Qualitäten sowie in zwei Farben. Am gebräuchlichsten ist der überall im Tapetenhandel oder in Baumärkten erhältliche helle Kork, welcher zum Tapezieren von Wänden benutzt wird. Die in der Regel 30×60 cm großen, 2 mm starken Platten werden auf das gewünschte Maß zurechtgeschnitten und mit Silikon eingeklebt (Herstellerhinweise beachten, Unbefugte fernhalten).

Wesentlich vielseitiger zu verwenden ist der dunkle, in Stärken von 10 bis 60 mm angebotene Dachdeckerkork, der in allen größeren Dachdeckerbedarfsgroßhandlungen erhältlich ist. Von ihm gibt es zwei verschiedene Qualitäten, zum einen den einfach heiß gepreßten, zum anderen den geklebten. Für die Terrarien ist nur die erste Sorte geeignet, da der geklebte Kork laufend Lösungsmittel freisetzt.

Anders als beim dünnen Kork kann man hier die Oberfläche mit einer Fräse oder ähnlichem derart bearbeiten, daß sie das Klettern der Agamen möglichst begünstigt. Überdies ermöglicht sie eine Bepflanzung und weist ein fast natürliches Aussehen auf. Da der Kork stark staubt, ist es besser, die Oberfläche bereits vor dem Einbau ins Terrarium im Freien zu gestalten.

Der dicke Kork läßt sich gut verarbeiten, zum Beispiel sägen, brechen usw., und da er zudem sehr leicht ist, eignet er sich auch zum Gestalten von Aufbauten sowie als Grundlage für Felsimitationen. In schmale Streifen mit einer gesägten und einer gebrochenen Seite geschnitten, läßt er sich gut mit der glatten Seite an die Wände kleben. Die so erhältlichen „Aussichtsplattformen" sind begehrte Aufenthaltsplätze. Ebenso kann man auch Felsspalten leicht und gut kontrollierbar nachgestalten oder einfach auch nur die angebotene Laufffläche vergrößern. Als Felsspaltimitation klebt man die Korkstreifen wie einen nach unten immer enger zusammenlaufenden Fächer an eine Seite der Rückwand. Diese Spalten werden trotz ihrer guten Kontrollierbarkeit von Tieren gerne angenommen. Am Verhalten der Echsen erkennt man, daß sich die Agamen in ihnen völlig sicher fühlen. Auch bepflanzen kann man den dunklen Kork leicht. Hierfür bohrt man ein Loch und steckt die Pflanze mit etwas Erde fest hinein. Wenn man das Gießen nicht vergißt, verwurzeln die Pflanzen recht schnell. *Ficus pumila* kann auf diese Weise in kürzester Zeit die dunkelbraune Rückwand in ein grünes Pflanzenmeer verwandeln. Auf die gleiche Weise kann man Epiphyten-Gewächse, wobei die Wurzeln vieler Arten in Sphagnum eingepackt werden müssen, anheften oder sogar ankleben, denn der Kork hält das Wasser nicht lange, so daß sich keine Staunässe bildet.

Am schönsten, aber auch am teuersten, ist der Einbau von plangepreßter, naturbelassener Korkeichenrinde. Sie ist in Platten bis zu einer Größe von 100×50 cm und im Zoofachbedarf erhältlich.

Ebenfalls zum Verkleiden von Terrarien eignen sich die sogenannten Rindenab-

schwarten. Dies gilt besonders für Regenwaldterrarien oder für Behälter zur Pflege von Arten, die an Baumstämmen leben. Die Rindenabschwarten werden an den Seiten geradegesägt und mit Silikon dicht auf die Seiten- oder Rückwand geklebt (Herstellerhinweise beachten, Unbefugte fernhalten).

Schwieriger ist da schon die Gestaltung von Trocken- oder Wüstenterrarien. Optisch am schönsten, aber auch am natürlichsten wäre eine Felswand, die den Agamen gleichzeitig mehr Raum zum Bewegen liefert. Als Material eignet sich dort vor allem Moltofill für Außen. Dieses Material ist in Baumärkten erhältlich und läßt sich leicht verarbeiten. Zuerst klebt man auf die Wand einige Kork- oder Styropor- bzw. Styrodurstreifen, die die eigentliche Felswand imitieren sollen. Dann legt man das Terrarium, wenn dies möglich ist, auf die betreffende Seite und bestreicht die ganze Wand inklusive der Aufbauten dünn mit Moltofill für Außen. Läßt sich das Becken nicht mehr bewegen, so rührt man die Spachtelmasse etwas dicker an und trägt sie dann vorsichtig auf die Wand auf. Damit das Terrarium nun keinen häßlichen grauen, Betonfarbton aufweist, färbt man die Masse zum Beispiel mit Eisenoxid ein, dann ergibt sich die Farbe Rot. Auch andere zementfeste Farben lassen sich nach Wunsch einsetzen. Wem das immer noch zu trist ist, der kann die Oberfläche auch mit rotem Sand oder anderen Materialien bestreuen, um so eine rauhere Struktur zu erhalten.

Für Felsbewohner kommt auch das Bekleben der Terrarienwände mit dünnen Steinplatten in Frage.

Als nächstes wird der Bodengrund in das Terrarium eingebracht. Die unterste Schicht bildet bei bepflanzten Terrarien immer eine Art Drainageschicht, die das überflüssige Wasser auffängt und an der man leicht erkennen kann, wann die

Pflanzen wieder gegossen werden müssen. Sie sollte aus leichtem Material wie Styroporschnipseln oder Lekatonkugeln bestehen und etwa 2 bis 3 cm hoch sein. Damit sich diese Schicht nicht mit der darüberliegenden Erdschicht vermischt, wird sie mit einer Lage Filterwatte oder ähnlichem Stoff abgedeckt. Auf den Stoff füllt man nun die eigentliche Bodenschicht, die aus verschiedenen Materialien bestehen kann, wie zum Beispiel Sand-Torf-Gemisch, Garten- oder Blumenerde, Lehm usw. In den meisten Fällen kommt der Höhe keine entscheidende Bedeutung zu. Lediglich bei den Arten, deren Weibchen regelrechte Legehöhlen graben oder die sogar in Wohnhöhlen leben, muß eine sehr hohe Bodenschicht, die in sich eine gewisse Stabilität aufweist, vorhanden sein. Am stabilsten sind natürlich Gartenerde oder Lehm, aber teilweise reicht auch eine Mischung aus lockeren Bodensubstanzen aus, um einen stabilen Bodengrund zu erhalten, in dem die Agamen leicht graben können. Einfacher jedoch ist es zu versuchen, die Tiere an fertig gemauerte Gänge oder Holzkisten zu gewöhnen, die mit Erde etwas angefüllt und abgedeckt werden. In der Regel nehmen die Agamen dieses Angebot recht schnell an. Bei der Pflege von stark grabenden Arten sollte man nie vergessen, die Pflanzen immer nur in soliden Blumentöpfen eingepflanzt in den Bodengrund einzusenken.

Bei Wüsten- und Trockenterrarien kann man natürlich auf eine Drainageschicht verzichten. Als Bodengrund verwendet man hier Sand oder Lehm. Alle Pflanzen werden in Pflanzschalen in den Behälter gestellt, damit man beim Gießen nicht immer den gesamten Bodengrund durchfeuchtet. Optisch am schönsten wirkt natürlich roter Sand, den man in Deutschland zum Beispiel in der Eifel findet.

Als ideale Eiablageplätze für kleine Arten legt man flache Schalen in das Terrarium, die mit mindestens fünf cm hohem, leicht feuchtem Substrat gefüllt und teilweise mit dünnen Steinplatten oder ähnlichem abgedeckt werden. Da auch in Wüsten- und Trockenbehältern immer eine feuchte Stelle vorhanden sein sollte, sprüht man in diesen Terrarien immer nur in eine Ecke, in der auch die nie fehlende Wasserschale steht. So haben die Tiere die Möglichkeit, auch feuchtere Stellen aufzusuchen.

In einem Regenwaldterrarium wird die Bodenschicht mit Laub, Moos, Rindenstücken oder dünnen Steinplatten abgedeckt, so daß die Echsen auch die Möglichkeit haben sich zu verbergen. In den trockeneren Terrarientypen legt man einige dünne Steinplatten bzw. Kork- oder Rindenstücke auf den Boden, die von den Insassen ebenfalls gerne als Versteck angenommen werden.

Als weitere Einrichtungsgegenstände kommen dann Kletteräste, alte verwachsene Wurzeln, größere Steinaufbauten oder aber Epiphytenäste in das Terrarium. Die Äste sollten sorgfältig ausgewählt werden, sie dürfen weder morsch sein noch eine zu glatte Oberfläche besitzen. Besonders schön sind alte Wurzeln, die durch ihre Vielzahl an Löchern und Gängen den Tieren eine ganze Reihe zusätzlicher Versteckmöglichkeiten bieten. Für die großen Arten muß man schon sehr dicke Äste oder dünnere Baumstämme auswählen. Als Alternative bieten sich große Korkröhren an, die im Handel teilweise mit einem Durchmesser von über 20 cm angeboten werden. Mit Beton ausgefüllt bieten sie einen stabilen und unverrottbaren Baumstammersatz. Wer auf das Gewicht achten muß, kann sie auch mit PU-Schaum ausfüllen, muß dann aber wegen des fehlenden Eigengewichts für eine stabile Verankerung sorgen.

Alle aus der Natur entnommenen Äste und Wurzeln müssen vor dem Einbringen in das Terrarium gründlich gereinigt und getrocknet werden, um ein Einschleppen von Schnecken, Asseln, Tausendfüßlern, Drahtwürmern usw. zu verhindern.

Schwieriger gestaltet sich da schon die Imitation von Felslandschaften. Da echte Steine sehr schwer sind, sollten sie nur in Terrarien verwendet werden, die einen soliden Unterbau aufweisen und deren Bodenscheibe völlig plan auf dem Unterbau aufliegt. Zusätzlich muß der Behälter auf einer Hartschaummatte für Aquarien stehen, die kleinere Stöße abfangen kann.

Wesentlich leichter und vielseitiger sind künstliche Felslandschaften. Man baut zunächst ein Gerippe aus dickem Kork oder aus Styropor- bzw. Styrodurplatten und -blöcken auf. Dieses kann man dann mit eingefärbtem Moltofill für Außen verputzen und mit verschiedenen Materialien wie etwa Sand bestreuen.

Weiterhin kann man sein Terrarium mit einem kleinen Zimmerspringbrunnen verschönern, wie sie in Hydrokulturanlagen verwendet werden. Dies erfordert natürlich einige besondere bauliche Vorrichtungen, wie eine absolut wasserdichte und geschützt verlegte Stromzufuhr. Noch schöner ist ein kleiner Bachlauf mit Wasserfall, der in einem größeren Wasserbecken endet. Wenn man sich ohnehin schon für eine Kunstfelslandschaft im Terrarium entschieden hat, kann man auch gleich einen Bachlauf oder einen Wasserfall gestalten. Betreiben sollte man ihn mit einem sehr großen Aquarienfilter (Fachmann hinzuziehen!).

Bei der Pflege von Wasseragamen ist ein riesiger Wasserteil besonders wichtig, in dem die Echsen schwimmen und tauchen können. Wenn man bedenkt, daß eine Segelechse etwa einen Meter lang wird, kann man sich leicht ausrechnen, welche Dimensionen das „Schwimmbad" aufweisen muß. Hier haben sich die sehr leichten, in verschiedenen Größen erhältlichen Plastikduschwannen und ganz besonders die fertig geformten Plastikgartenteiche bewährt. Beide haben den Vorteil, daß sie bereits mit einem Abfluß versehen sind. Dadurch werden das Reinigen und der Wasserwechsel erheblich vereinfacht. Auch hier sollte sich immer ein stärkerer Ast über dem künstlichen Wasserteil befinden, damit die Tiere jederzeit leicht herausklettern können.

Für kleinere Arten verwendet man gebrannte und wasserdicht lackierte Tonschalen. Wer sie nicht selbst fertigen kann, sollte sich zum Beispiel eine Vogeltränke für den Garten oder etwas ähnliches kaufen. Der große Vorteil ist, daß alle Wände schräg nach außen/oben verlaufen und somit ein Verlassen des Wasserteils erleichtern. Zusätzlich sollte man jedoch immer einen leicht erkletterbaren Ast über das Becken legen, an dem die Agamen hinausklettern können.

Auch in einem Wüstenbecken sollte niemals eine Wasserschale mit stets frischem Trinkwasser fehlen, obwohl die meisten Arten ihren Bedarf über die Nahrung decken. Für einige Baumbewohner ist es von Vorteil, wenn die Wasserschale etwas höher im Terrarium angebracht ist, zum Beispiel in einer Astgabel oder auf einem höheren Felsvorsprung.

Bepflanzung

Für die Agamen spielt die Terrarienbepflanzung als Lebensraum nur eine untergeordnete Rolle. So vertauschen beispielsweise die Flugdrachen gerne ihr natürliches Habitat, den Baumstamm, mit einer Korkfläche auf der Rückwand oder an den Seiten des Terrariums.

Die Bepflanzung dient folglich mehr dem optischen Eindruck. Sie kann aber auch wichtige Funktionen wahrnehmen.

So läßt sich der Terrarieninnenraum durch eine geschickt gewählte Bepflanzung in mehrere Reviere aufteilen. Gleichzeitig bietet die Vegetation vielen Spezies auch eine Form der natürlichen Deckung und Sichtschutz gegen Artgenossen. Größere, dichte Pflanzen können selbst im Terrarium ein besonderes Kleinklima schaffen, das dem Wohlbefinden der Pfleglinge häufig sehr zuträglich ist.

Die meisten Terrarianer versuchen mit Hilfe ihres Terrariums einen kleinen „Biotop" im Wohnzimmer zu schaffen, wobei die Bepflanzung möglichst natürlich den Artenreichtum und das Wirrwarr der Regenwälder oder aber die Bizarrheit der Wüste widerspiegeln soll. Dies ist ein nicht ganz leicht umzusetzender Entschluß, denn beispielsweise die Pflege von Tillandsien und Orchideen sowie der zahlreichen kleinen Farne erfordert ebenso viel Mühe und Erfahrung wie die Pflege der übrigen Terrarienbewohner. Auch sollte man nicht vergessen, daß sich dann nur kleinste und möglichst grazil fortbewegende Arten, wie zum Beispiel die *Ceratophora*arten, als Terrarienbesatz eignen. Wer also beabsichtigt, nicht nur sein Augenmerk auf die Pflege von Agamen im Terrarium zu richten, sondern sich auch um die Bepflanzung bemühen will, sollte sich vorher einiges an einschlägiger Literatur besorgen.

Überwinterung

Entsprechend ihrer Herkunft legen einige Agamenarten eine mehrmonatige Winterruhe oder zumindest eine gewisse inaktive Phase ein, die aber an wärmeren Tagen unterbrochen werden kann. Das Einhalten dieser Ruheperiode während der Terrarienhaltung ist unabdingbare Voraussetzung für eine erfolgreiche Nachzucht, aber auch für ein hohes Lebensalter der Tiere.

Zum Überwintern eignen sich größere, ältere Terrarien, die in einem kühlen Keller aufgestellt werden. Die Raumtemperaturen sollten dort etwa bei 12 bis 16°C liegen. Über den Terrarien wird ein kleinerer Wärmestrahler installiert, der jeden Tag ca. 4 Stunden brennt und den Tieren lokal die Möglichkeit zum Aufwärmen gibt. Er darf aber nicht den gesamten Bodengrund erwärmen und sollte die Lufttemperatur im Terrarium nur geringfügig erhöhen. Die Einrichtung des Terrariums besteht aus einer mindestens 30 cm hohen Bodenschicht, zum Beispiel einem Sand-Torf-Gemisch mit schräg eingesetzten Steinplatten.

Eine geringfügige Substratfeuchte muß während der ganzen Zeit vorhanden sein und sollte durch regelmäßiges Kontrollieren garantiert werden. Die Bodenschicht wird teilweise mit trockenem Laub und flachen Steinplatten abgedeckt. Sehr wichtig ist auch ein Wasserschälchen mit stets frischem Trinkwasser. Zahlreiche Agamenarten unterbrechen ihre Winterruhe für kurze Zeitabschnitte (1 bis 3 Tage) und halten sich während dieser Zeit an der Oberfläche auf. Sie verschwinden aber nach einigen Tagen meist wieder von allein.

Bevor man seine Pfleglinge in die Winterruhe schickt, sollte man die Beleuchtungszeit und die Futtermenge langsam reduzieren. Kurze Zeit vorher stellt man die Fütterung vollends ein. Natürlich schickt man nur Tiere mit ausreichenden Fettreserven in die Winterruhe, da nur sie in der Lage sind, eine Hungerperiode zu überdauern. In der Natur sind die Jungtiere häufig erheblich länger als die Adulten aktiv, um so noch ausreichende Fettreserven anzulegen, ehe sie in den Winterschlaf gehen.

Deshalb sollten sie auch im Terrarium später in den Winterschlaf geschickt werden. Welche Arten eine solche Ruhephase benötigen, entnehmen Sie bitte den Artenbeschreibungen.

Vergesellschaftung mit anderen Tieren

Dies ist bei vielen Agamenarten ein besonders schwieriges Thema. Grundsätzlich sollte man versuchen, seine Tiere immer paarweise zu pflegen. Lediglich einige wenige Spezies, die auch in der Natur in kleinen Gruppen oder in sehr großer Populationsdichte vorkommen, können auch im Terrarium vergesellschaftet werden. Bedenken muß man aber immer, daß im Gegensatz zur Natur, der dort existierende „unendliche" Fluchtraum im Terrarium nur begrenzt vorhanden ist. Deshalb erfordert die gruppenweise Pflege einer Art, aber auch die gemeinsame Haltung verschiedener Arten, immer eine entsprechend geschickt gewählte Einrichtung. In der Regel lassen sich verschiedene Spezies leichter als zwei Paare einer Art gemeinsam pflegen.

Einige Agamen sind so aggressiv gegen alle Terrarienmitbewohner, daß sie nur in großen Behältern paarweise oder in Gruppen aus einem Männchen und mehreren Weibchen gepflegt werden können. Auch darf man nicht vergessen, daß eine große Anzahl von Arten Echsenfresser sind, die alle anderen Reptilien, auch Nachtgeckos usw. regelrecht jagen und verzehren.

Jedoch lassen sich die weniger aggressiven Arten häufig problemlos mit anderen Amphibien und Reptilien (Echsen) vergesellschaften. Besonders geeignet sind Nachtgeckos, die eine abweichende Aktivitätszeit aufweisen. Aber auch die hübschen *Dendrobaten*arten oder die verschiedensten Laubfrösche lassen sich beispielsweise gemeinsam mit *Draco*- oder *Ceratophora*arten im Terrarium pflegen.

Ernährung

Eine ausgewogene und hochwertige Ernährung ist neben der artgerechten Unterbringung einer der wichtigsten Aspekte der Agamenhaltung.

In der Natur gibt es allerdings eine ganze Reihe absoluter Spezialisten, die sich fast ausschließlich von ganz bestimmten Futtertieren, wie etwa Ameisen und Termiten, ernähren, aber auch dort hin und wieder ein anderes Insekt erbeuten. Zu ihnen gehören die bekannten Vertreter der Gattungen der Flugdrachen *(Draco)* oder der Krötenkopfagamen *(Phrynocephalus)*. Der Anteil an Ameisen im Futter schwankt bei ihnen von Art zu Art erheblich.

Zahlreiche Arten lassen sich im Terrarium ohne Schwierigkeiten auch mit anderen Futtertieren ernähren und vermehren. Teilweise können diese Tiere jedoch ohne Ameisen als Nahrung nicht überleben, obwohl genug andere Futtertiere vorhanden sind und auch gefressen werden. Vermutlich spielt die Ameisensäure eine entscheidende Rolle im Säurehaushalt des Verdauungstraktes.

Vor der Anschaffung dieser Tiere sollte man sich daher gut überlegen, ob man derartigen Ernährungsansprüchen überhaupt gerecht werden kann.

Beim Verfüttern von Ameisen sollte man immer darauf achten, daß sich nicht zu viele von ihnen im Terrarium befinden. In der Natur setzen sich die Agamen nämlich neben eine Ameisenstraße, aus der sie die Insekten genüßlich herauspicken, und dienen nicht den Ameisen als Tummelplatz. Manche Autoren empfehlen daher, ein Stück Zucker an eine Stelle im Terrarium zu legen, die möglichst weit vom Schlafplatz der Tiere entfernt ist. Den Rekord, was die Anzahl an gefressenen Ameisen bei einer Mahlzeit angeht, hält der Moloch mit ca. 5000 Stück.

Unter allen Agamen leben nur die Dornenschwänze und die Segelechsen wenigstens zu einem großen Teil von pflanzlicher Nahrung. Andere Arten wie beispielsweise die australischen Bart-agamen ernähren sich zumindest in der Natur zu 50 % von vegetarischer Kost, und wieder andere Spezies verzehren zumindest teilweise oder gelegentlich Pflanzen oder zumindest süßes Obst.

Geeignet sind die unterschiedlichsten Futterpflanzen. Wichtig ist nur, daß sie garantiert von Insektiziden frei sind. Gefüttert wird abwechselnd mit Löwenzahn, Klee, Breit- und Spitzwegerich, Vogelmiere, Gänseblümchen, Taubnessel, Blatt- und Feldsalat, Milchdistel, Oregano, Zitronenmelisse, Salbei, Wein- und Himbeerblättern, Lauch, Gurke, Tomate, Karotten, Paprika, Pimpinelle, Keimlingen, Sprossen usw. Daneben eignen sich auch die verschiedensten Früchte wie Banane, Apfel, Erd-, Him- und Brombeere, Birne, Kirsche, Weintraube, Pflaume, Melone, Kiwis, Apfelsinen, Pfirsiche usw., die aber beispielsweise von den Dornschwanzagamen oftmals verschmäht werden.

Nicht alle Arten fressen die ganze Angebotspalette. Man muß schon individuell ausprobieren, was die Agamen freiwillig fressen und was nicht. Häufig werden gelbe Blüten, wie zum Beispiel Löwenzahn, besonders gerne gefressen. Man sollte sich jedoch immer davor hüten, nicht abwechslungsreich zu füttern, da die Tiere sich sonst schnell an eine Sorte gewöhnen und alle andere angebotene Kost verweigern.

Die zu verfütternden Blätter werden immer unter fließendem Wasser gut gereinigt und in einer Schale in das Terrarium gestellt, da die Agamen das Futter in der Regel nicht mehr beachten, wenn es erst einmal mit Sand verklebt ist. Das Gemüse, wie zum Beispiel die Karotten, wird ebenfalls erst gereinigt und dann am besten geraspelt. Ebenso wird Obst in Stücke geschnitten und in einer Schale verfüttert. Da die Tiere selten alle Bestandteile des Futters gleich gerne fressen, kann man versu-chen, sie durch Mischen dazu zu bewegen, auch ungeliebte Sorten zu fressen. Im Winter bereitet eine abwechslungsreiche Ernährung häufig Schwierigkeiten, da nur Treibhausware zur Verfügung steht. Eine gesunde Alternative sind dann selbst gezogene Keimlinge und Sprossen, die in den verschiedensten Keimgeräten kultiviert werden können. Der große Vorteil dieser käuflichen Keimgeräte besteht darin, daß man im Gegensatz zu der herkömmlichen Keimlingszucht, bei der Weizenkeimlinge auf Zeitungspapier gezogen werden, auch die Wurzeln verfüttern kann und sich der Zeitaufwand in Grenzen hält. Auch gibt es eine große Auswahl an verschiedenen Samen zur Zucht von Keimlingen und Sprossen, wie zum Beispiel Kresse, Luzerne, Mungobohnen, Linsen, Sonnenblumenkerne, Erbsen, Senf, Leinsamen, Rettich, Roggen, Gerste usw.

Nicht geeignet zur Ernährung von Agamen sind Pflanzen, die Oxalsäure enthalten, wie Spinat, Rhabarber, Sauerampfer usw. Die Oxalsäure verbindet die Calciumionen des Blutes zu Calciumoxalat und führt so zu einer Senkung des Blutcalciumspiegels, was wiederum zur Veränderung der Blutgerinnungszeit und zu Kreislaufschäden führen kann. Ebenfalls nicht verfüttern sollte man Beinwell, Buchweizen und allzuviel Kohl, da alle diese Pflanzen unterschiedliche schädliche Stoffe enthalten.

Neben dieser frischen Nahrung sollte man den Tieren eine Trockenfuttermischung aus verschiedenen Sämereien wie Linsen, Mais, Erbsen, Bohnen usw. anbieten.

Sehr wichtig ist bei der teilweise vegetarischen Ernährung, daß dem Futter jedesmal ein Vitamin-Mineralstoff-Aminosäuren-Gemisch beigemischt wird. Dieses streut man einfach über die Blätter oder mischt es unter den Obst-Gemüse-Salat.

Der weitaus größte Teil der Agamen ernährt sich jedoch als Räuber von den unterschiedlichsten Insekten, Gliedertieren, Kleinsäugern und Echsen.

Dabei ist es immer interessant zu beobachten, welch unterschiedliche Jagdtaktiken die einzelnen Arten entwickelt haben: So pirschen sich die einen vorsichtig an ihre Beute heran, ehe sie diese durch Vorschnellen mit der Schnauze ergreifen, während andere einfach im Spurt scheinbar blindlings drauflos jagen. Aber auch von diesen Arten nimmt ein Großteil zusätzlich pflanzliche Nahrung zu sich.

Die Ernährung der Agamen mit lebenden Insekten bereitet heutzutage keinerlei Schwierigkeiten mehr, kann man doch in zahlreichen Zoofachgeschäften ein großes Angebot an unterschiedlichen Futtertieren erwerben. Auch liefern Versandhandlungen, die sich auf Futterzuchten spezialisiert haben, ihr Angebot im Abonnement (Adressen entsprechender Firmen finden Sie in den Fachzeitschriften wie DATZ, Reptilia usw.). Die beste Lösung aber stellt nach wie vor die eigene Futterzucht dar. Nur dann ist garantiert, daß die Insekten ein hochwertiges Futter darstellen, denn auch hier gilt, daß man nur durch eine möglichst hochwertige und abwechslungsreiche Ernährung der Futterzuchten die entsprechende Qualität erhält, welche bei der im Vergleich mit der Natur stets gegebenen Einseitigkeit so dringend nötig ist. Ausführliche Anleitungen finden sich in dem Buch „Futterzuchten" von FRIEDERICH & VOLLMER (2. Aufl. 1992).

Natürlich gibt es bei eigenen Futterzuchten nicht nur Vorteile, sondern auch einige Einschränkungen. Es sollte sich jeder darüber im klaren sein, daß sie mit der gleichen Aufmerksamkeit wie die Haltung der Agamen geführt werden müssen. Man benötigt also einen gewissen regelmäßigen Zeitaufwand. Die Lärmbelästigung durch Grillen und Heimchen kann für manche Menschen sehr störend sein, aber auch die Geruchsbelästigung durch gezüchtete Fliegen sollte man nicht verschweigen.

Gefüttert werden die Agamen je nach Größe mit kleiner und großer flugunfähiger Drosophila, Getreideschimmelkäfern und deren Larven, Mehl- und Wachsmotten sowie deren Raupen, Mehlkäfer und deren Larven, Larven des großen Schwarzkäfers, Arten von Grillen und Heimchen, den verschiedensten Schabenarten, Wanderheuschrecken, Ameisen, Schnecken, Mäusebabys usw. Auch hier gilt es, möglichst abwechslungsreich zu füttern, damit die Tiere keine Vorlieben entwickeln.

Die Fütterung erfolgt am besten am späten Vormittag, wenn sich die Tiere bereits auf ihre Vorzugstemperatur erwärmt haben und volle Aktivität zeigen. Dies ist besonders wichtig, damit die Agamen sofort an das Futter gehen und die Insekten keine Gelegenheit haben, das Vitamingemisch vorher herunterzuputzen.

Gehen die Agamen trotz reichlicher Auswahl nicht von selbst an das Futter (zum Beispiel, weil sie krank oder gestreßt sind), müssen sie zwangsgefüttert werden. Das kann aber immer nur die letzte Notlösung sein, da diese Maßnahme einen ziemlich gewaltsamen Eingriff darstellt. Verfüttert werden auf diese Weise nur weiche oder kleine Insekten, die vorher durch Zerdrücken des Kopfes getötet wurden.

Man tränkt die Echsen durch tägliches, je nach Art auch mehrmals tägliches Überbrausen des gesamten Terrariums. Zusätzlich befindet sich in jedem Behälter eine kleine Trinkschale, die für Bodenbewohner auf dem Boden steht und für Baumbewohner am günstigsten an einem Ast aufgebunden sich befindet. Selbstverständlich erhalten die Tiere täglich frisches Wasser.

Vitamine, Mineralstoffe und Aminosäuren

Vergleicht man das schier unendliche Angebot an verschiedenartigen Futtertieren und Futterpflanzen in der Natur mit dem kümmerlichen Angebot im Terrarium, so wird jedem klar, daß die Nahrung entsprechend aufgewertet werden muß, um eine hochwertige Speise darzustellen. Hierzu wird alles mit einem Vitamin-Mineralstoff-Aminosäuren-Gemisch (wie zum Beispiel Korvimin ZVT, hergestellt von der Wirtschaftsgenossenschaft Deutscher Tierärzte eG, Hannover, zu beziehen in der Apotheke oder beim Tierarzt) gut eingestäubt.

Dies ist besonders wichtig, weil unser angebotenes Futter außerdem ein unausgeglichenes Calcium-Phosphor-Verhältnis aufweist und daher mit Hilfe eines Mineralstoffgemischs für ausgeglichenere Proportionen gesorgt werden muß. Besser wäre sogar ein leichtes Übergewicht des Calciums.

Ein natürlicher Calciumüberschuß besteht zum Beispiel bei Mäusebabys, weshalb jene Pfleger von Agamen, die Kleinsäuger als Futter verwenden, auch viel weniger Probleme mit Rachitis bei den Reptilien haben. Unsere Futterinsekten weisen häufig ein Calcium-Phosphor-Verhältnis von 1:9 auf. Dieses kann man durch ausschließliches Verfüttern von Karotten als Feuchtfutter oder durch Calcium-Lactat-Beimischung ins Futter erheblich aufbessern, doch ist die nochmalige Aufwertung durch Einstäuben dennoch unerläßlich.

Neben dieser Art der Vitaminversorgung muß in jedem Terrarium Calcium in verschiedenen Formen vorhanden sein, damit es die Tiere jederzeit aufnehmen können. Die Palette der Möglichkeiten reicht von einem mit Kalzan D_3 gefüllten Schälchen, über kleingebrochene Sepia-Stücke bis hin zu Muschelgrit als Bodenbelag (im Taubenzubehörhandel erhältlich). Da selbst dies alles für einige Arten noch nicht ausreicht, sollte entweder dem Trinkwasser regelmäßig eine Vitaminmischung beigegeben werden oder die Tiere erhalten zusätzlich je nach Größe regelmäßig, etwa einmal in der Woche, 0,1 bis mehrere Tropfen Multimusin gezielt zugefüttert.

Erkrankungen und ihre Behandlungen

Die Krankheiten stellen sicher eines der schwierigsten Themen dar, da wir, wie viele andere Terrarianer auch, mit der genauen Diagnostik und anschließenden Behandlung überfordert sind. Daher beschränken wir uns auf allgemeine Hinweise sowie Tips zum Verhindern, Erkennen und Behandeln einfacher Erkrankungen.

Für jeden Terrarianer sollte es oberstes Ziel sein, durch artgerechte Haltung, gesunde und ausgewogene Ernährung sowie sorgfältigen Umgang mit den eigenen Tieren Krankheiten zu vermeiden. In den meisten Fällen sind auch heute noch die zahlreichen Erkrankungen auf derartige Fehler zurückzuführen. Leider kann es jedoch trotz der besten Haltungsart hin und wieder zu einer Erkrankung kommen.

Wir empfehlen daher jedem, sich bereits vor Anschaffung seiner Agamen mit diesem Thema vertraut zu machen und sich die entsprechende Fachliteratur zuzulegen. Das wäre vor allem das Buch „Heimtierkrankheiten" von ISENBÜGEL & FRANK (1985), da die darin verzeichneten Medikamente überall erhältlich sind. Weiterhin können wir noch das ebenfalls deutschsprachige Werk „Handbuch der Zootierkrankheiten, Band 1 Reptilien" von IPPEN, SCHRÖDER & ELSE (1985) empfehlen. Leider handelt es sich bei den darin angegebenen Präparaten um Produkte aus der ehemaligen DDR, die im Handel nicht mehr erhältlich sind. Zu Rate ziehen kann man auch das sehr umfassende englischsprachige Werk „Diseases of the Reptilia" von COOPER & JACKSON (1981).

Bei jeder Anschaffung von neuen Tieren, die aus der Natur entnommen wurden, oder bei Agamen aus unbekannter Quelle ist eine etwa 6 bis 8 Wochen lange Quarantänezeit unumgänglich, denn nur so läßt sich das Einschleppen von Parasiten und anderen Krankheitskeimen vermeiden. Man sollte diese Gefahr nicht unterschätzen, verliert man unter Umständen nicht nur die Neuerwerbung, sondern den gesamten Bestand. Während der Quarantäne werden die Agamen in einem sterilen Terrarium untergebracht. Für die kleinen Arten sind die im Handel erhältlichen Plastikterrarien völlig ausreichend, nur bei den größeren Arten muß man ein speziell gebautes Extraterrarium verwenden.

Wichtigster Gesichtspunkt dabei ist die leichte Reinigungs- und Desinfektionsmöglichkeit des Behälters. Als Desinfektionsmittel empfehlen sich nur Präparate auf Peroxid- (zum Beispiel Cysoval) oder Alkohol-Basis. Bei der Anwendung sind die Herstellerhinweise zu beachten und Unbefugte fernzuhalten.

Den Bodengrund bildet Zeitungspapier, welches täglich gewechselt wird. Die übrige Einrichtung ist artabhängig und besteht in der Regel aus einem Wassernapf sowie flachen Steinen und einer Plastikpflanze.

Handelt es sich um Tiere aus dem Handel, so sollten diese erst einmal vorsichtig getränkt werden, da sie häufig bereits in den Herkunftsländern kein Wasser erhalten haben und stark an Austrocknung leiden. Dem Wasser wird eine Elektrolytmischung (nach Anleitung) beigemischt, da die Tiere sonst das Wasser nicht im Körper behalten können. In den nächsten Tagen reduziert man die Mischung langsam, bis schließlich nur noch Wasser gereicht wird.

Ebenso beginnt man auch mit der Fütterung. Da die Tiere in der Regel ausgezehrt sind, stürzen sie sich auf das Futter und verschlingen alles, was angeboten wird. Da sich aber auch die Darmflora meist erst wieder erholen muß, können sie die Nahrung nicht verarbeiten und erbrechen sie, oder sie wird unverdaut ausgeschieden. Es empfiehlt sich daher, den kleinen Echsen jeweils am ersten Tag nur eine Grille, Wachsmade oder ähnlich leicht verdauliches Futter anzubieten und erst am zweiten Tag etwas mehr Nahrung zu reichen.

Zeigt sich, daß die Tiere anstandslos fressen und verdauen, so kann man ab dem dritten Tag getrost eine ganz normale Futterration anbieten. Ähnlich verfährt man auch bei den Pflanzenfressern. Oftmals hilft auch die Gabe von Bird Bene Bac (beim Tierarzt erhältlich), dabei handelt es sich um positive Darmbakterien in Pastenform, welche die Darmflora wieder in Ordnung bringen.

Leider stürzen sich nicht alle Agamen mit Heißhunger auf das angebotene Futter. Dies kann an dem für das Tier unbekannten Futter liegen, aber auch an dem Schwächezustand des Tieres selbst. Hier sollte man eine möglichst große Auswahl anbieten, es erst einmal mit Bird Bene Bac als Appetitanreger versuchen und nur im äußersten Notfall zwangsfüttern.

Genauso wichtig ist das Einsenden einer Kotprobe zur kostenpflichtigen Untersuchung an eine der drei auf Seite 58 genannten Untersuchungsstellen. Üblicherweise erkundigt man sich vor dem Versenden nach den Bedingungen wie Verpackung, Versand, Kosten usw., um unliebsame Überraschungen zu vermeiden. Der Kot sollte auf Parasiten aller Art, auch Amöben, untersucht werden.

Nachfolgend die Liste der Institute, die kostenpflichtige Kotuntersuchungen durchführen:

- Veterinärmedizinische Fakultät der Universität Gießen, Frankfurter Straße 87, 35392 Gießen.
- Tiergesundheitsamt Hannover, Dr. Röder, Vahrenwalder Straße 133, 30165 Hannover.
- GeVo Diagnostik, Gesellschaft für medizinische und biologische Untersuchungen mbH, Jakobstraße 65, 70794 Filderstadt.

Gleichzeitig bittet man auch immer um Behandlungshinweise. Vom Gang zu einem mit Reptilien unerfahrenen Tierarzt können wir nur abraten, weil dieses in der Regel nur den Geldbeutel erleichtert. Gleichwohl haben sich in der letzten Zeit etliche Tierärzte auch mit Reptilienkrankheiten beschäftigt, so daß sie uns erfolgreich weiterhelfen können. Die Namen und Adressen von derartig bewanderten Tierärzten erfragt man am besten in Zoos, bei den Untersuchungsstellen oder in seiner DGHT-Stadtgruppe.

Erhält man als Ergebnis der Kotuntersuchung den Befund „negativ", so schickt man nach drei Wochen eine weitere Kotprobe zur Untersuchung ein, um ausreichende Sicherheit zu haben, ehe man, wenn das Ergebnis wieder „Befund negativ" lautet, die Tiere in das eigentliche Terrarium setzt. Erhält man jedoch einen Befund, so behandelt man die Agamen erst einmal entsprechend der erhaltenen Anleitung, bevor man erneut eine Kotprobe zur Überprüfung einsendet. Bei den oben genannten Untersuchungsstellen kann man auch um kostenpflichtige Sektion seiner verstorbenen Tiere bitten, wenn die Todesursache nicht bekannt und von Interesse ist.

• Absterben der Schwanzspitze

Diese Art von Verletzung kommt leider häufiger vor als man denkt. Oftmals reichen das Einklemmen des Schwanzes und ähnliches aus, wobei es zur Beschädigung der Blutgefäße kommen kann. Diese führt dann zu einer schlechteren Durchblutung der Schwanzspitze, die wiederum eine unzureichende Sauerstoffversorgung des Gewebes der Schwanzspitze und die Ablagerung von giftigen Stoffwechselprodukten zur Folge hat. Dadurch stirbt das Gewebe des entsprechenden Schwanzabschnittes ab.

Ob die Schwanzspitze abgestorben ist oder nicht, erkennt man an ihrer dunklen Färbung und dem ggf. eingetrockneten Aussehen. Da sich dieser Gewebetod weiter fortsetzt und schließlich auch Giftstoffe in den Körper gelangen können, muß der Schwanz rechtzeitig durch einen Tierarzt oberhalb des abgestorbenen Teils, also im noch gesunden Gewebe, amputiert werden.

• Häutungsprobleme

Schwierigkeiten bei der Häutung sind normalerweise die ersten Anzeichen einer Mangelerkrankung oder aber ein Hinweis auf nicht artgemäße Haltung. So reicht es häufig aus, die relative Luftfeuchtigkeit herauf- oder heruntersetzen, feuchte Rückzugsverstecke anzubieten oder die Temperatur zu verändern.

Nach jeder Häutung sollte man kontrollieren, ob sich die alte Hülle an den Gliedmaßen richtig und vollständig gelöst hat. Sind Häutungsschwierigkeiten erst einmal eingetreten, so hilft nur noch das mechanische Entfernen. Dafür reibt man die betroffene Stelle mit Vaseline ein, die einige Zeit einwirken muß, oder badet das Tier in einer lauwarmen Kamillosan-Lösung bzw. Kamillentee, lauwarm), bevor man die alte Haut manuell entfernt.

• Kleinere Verletzungen

Trotz der größten Sorgfalt kommt es hin und wieder zu kleinen Verletzungen, zum Beispiel durch eine Beißerei. Dann sollte die Wunde sofort mit Gentianaviolett (5 % Gentianaviolett in 70prozentigem Alkohol gelöst; in der Apotheke mischen lassen) bestrichen werden (Herstellerhinweise beachten, vor Unbefugten gesichert aufbewahren). Hat sich die Verletzung jedoch bereits entzündet, so hilft nur noch – nach Anweisung eines Tierarztes – eine antibiotische Salbe, wie zum Beispiel Nebacetin-Salbe (rezeptpflichtig, Zugriff durch Unbefugte verhindern).

• Rachitis

Rachitis ist ein Sammelbegriff für Mangelerkrankungen aller Art. Wir verstehen darunter alle Mangelerkrankungen, die durch zu niedrige Vitamin-, Mineralstoff- oder Aminosäuren-Gaben verursacht werden, aber genauso gehören dazu jene Krankheitsbilder, die auf falsche Ernährung und zu hohe Vitamin-D-Gaben zurückgehen.

Am häufigsten sind Knochenerweichungen, wie zum Beispiel fibröse Osteodystrophie, Gicht und Stoffwechselstörungen. Man erkennt diese an weichen Knochen, zum Beispiel sind die Kiefer nicht mehr hart, das Tier neigt zu Knochenbrüchen, zeigt Verkrümmungen der Wirbelsäule und des Schwanzes oder auch zu kurz gewachsene Kiefer oder Gliedmaßen. Diese Erscheinungsbilder zeigen die Agamen am häufigsten während des Wachstums oder die Weibchen auch in der Fortpflanzungsperiode.

Diese Erkrankungen sind fast immer auf Ernährungsfehler zurückzuführen. Das heißt in der Regel, die Agamen haben eine unzureichende Vitamin-, Mineralstoff- und Aminosäuren-Versorgung erhalten. Neben dem üblichen Einstäuben allen Futters sollte immer Sepiaschale, Muschelgrit oder ein Kalkpräparat im Terrarium vorhanden sein, dessen sich die Tiere bei Bedarf bedienen können. Ferner sollte dem Trinkwasser einmal in der Woche ein Vitamingemisch beigegeben werden, oder die Tiere erhalten regelmäßig 0,1 bis mehrere Tropfen, je nach Größe, Multimusin direkt verabreicht. Bei erkrankten Tieren hat sich auch eine maßvolle UV-Bestrahlung als hilfreich erwiesen.

• Legenot

Von Legenot spricht man, wenn die Weibchen nicht in der Lage sind, ihre Eier abzulegen. Dies kann eine Vielzahl von Ursachen haben, wie Streß, nicht artgerechte Eiablageplätze, nicht ausreichende Vitamin- und Mineralstoffversorgung usw. Deshalb gilt auch hier, daß eine artgemäße Ernährung sowie optimale Haltung die beste Medizin sind. Ist der physiologische Eiablagetermin überschritten, so hilft nur noch eine Oxytocin-Therapie, zu der unbedingt ein qualifizierter Tierarzt hinzugezogen werden muß.

IV. Artenbeschreibungen

Bei der Auswahl der Arten haben wir uns von verschiedenen Gesichtspunkten leiten lassen. Zum einen wollten wir einen möglichst umfassenden Überblick über die Familie der Agamidae geben, zum anderen wollten wir möglichst viele für die Terraristik interessante Arten beschreiben. Dieser Teil soll auch als Nachschlagewerk benutzt werden können. Terrariengrößen sind mit Länge × Tiefe × Höhe angegeben (= L × T × H).

Acanthocercus Fitzinger, 1843

Bei dieser Gattung handelt es sich um die im arabischen Raum und in Ostafrika beheimateten Wirtelschwanzagamen.

Acanthocercus adramitanus
(Anderson, 1896)
Jemenagame

Verbreitung: Diese Art lebt nur auf der arabischen Halbinsel und ist dort bisher vom südwestlichen Saudi-Arabien über den Jemen bis nach Oman anzutreffen.

Lebensraum: Das Vorkommen erstreckt sich über die unterschiedlichsten Höhenlagen zwischen 500 und 2 400 m. *Acanthocercus adramitanus* stellt keine großen Ansprüche an seinen Lebensraum. Man findet die Agamen genau so häufig in feuchten Wadis wie in trockenen, spärlich bewachsenen Gebieten. Die Tiere leben meist kletternd an Bäumen und an Felsen. In einigen Gebieten sinkt die Temperatur im Winter nachts auf Werte unter 0 °C.

Größe: Die Männchen erreichen eine maximale Gesamtlänge von ca. 40 cm, wovon jedoch 25 cm auf den Schwanz entfallen. Die Weibchen bleiben meist deutlich kleiner.

Kennzeichen: Imponierende Männchen besitzen einen blauen Körper sowie ebensolche Beine. Ihr erstes Schwanzdrittel ist hellrosa und der Rest wieder blau gefärbt. Ferner weist der Körper eine Zeichnung aus kleinen gelben Punkten auf. Diese Färbung variiert etwas, je nach Verbreitungsgebiet. Ausgewachsene Männchen erkennt man immer an den verdickten Hemipenistaschen der Schwanzwurzel. Die Weibchen sind hingegen einfach graubraun gefärbt, mit einigen gelben Flekken im Nacken und auf der Oberseite des Körpers. Beide Geschlechter besitzen 4 bis 8 Präanalporen, die schon bei den Jungtieren sichtbar sind.

Terrarium: Typ C. Eine Gruppe von 3 bis 4 Tieren benötigt nach NECAS & BARTS, 1994, eine Terrariengröße von L 140 × T 80 × H 80 cm. Der Behälter sollte als Felsterrarium eingerichtet und mit einigen knorrigen Kletterästen versehen werden. Die Temperatur muß lokal, zum Beispiel unter einem Strahler, auf ca. 45 °C ansteigen. Ein starkes Tag-Nacht-Gefälle ist für das Wohlergehen der Agamen sehr wichtig. Der Bodengrund sollte aus Sand bestehen, der an einer etwas höher (ca. 10 bis 15 cm) aufgeschütteten Stelle immer feuchtgehalten wird.

Haltung und Zucht: Die gemeinsame Haltung eines Männchens mit 2 bis 3 Weibchen ist möglich und angeraten, zwei Männchen hingegen vertragen sich nie. Eine Art Winterruhe ist bei der Pflege im Terrarium unbedingt einzulegen.

Während der Fortpflanzungszeit paaren sich die Tiere mehrmals täglich, wobei die Kopulation selbst nur ca. eine Minute dauert. Hierbei wird vom Männ-

△ *Acanthocercus adramitanus*, Weibchen.

▽ Gelege von *A. atricollis*.

chen ein Nackenbiß ausgeführt. Die Trächtigkeit dauert ca. vier Wochen, eine Zeit, in der die Weibchen einen gesteigerten Appetit aufweisen.

Nach mehreren Probegrabungen legen sie ihre 6 bis 12 weichschaligen Eier im feuchten Sand ab. Die Zeitigung erfolgt am besten in mäßig feuchtem Vermiculite bei einer Temperatur von 26 bis 30 °C am Tage und 18 bis 22 °C in der Nacht. Unter diesen Bedingungen benötigen die Jungtiere 58 bis 75 Tage bis zum Schlupf. Bereits nach 1 bis 2 Tagen nehmen sie das erste Futter zu sich. Vegetarische Kost wird in den ersten Monaten nur sporadisch genommen. Eine ausreichende Versorgung der Tiere mit Vitaminen und Kalk ist selbstverständlich. Nach einem Jahr sind die Jungtiere bereits geschlechtsreif.

Futter: Diese Agamen ernähren sich sowohl von pflanzlicher als auch von tierischer Kost. Es sollte immer unterschiedliches Futter angeboten werden. Nach NECAS & BARTS, 1994, sind fliegende Insekten besonders beliebt, selbst Wespen werden gerne genommen.

Acanthocercus atricollis (Smith, 1849)

Verbreitung: Die Art kommt mit mehreren Unterarten an der gesamten Ostküste Afrikas vor. Ihr Verbreitungsgebiet reicht dabei etwa von Äthiopien bis nach Südafrika.

Lebensraum: Es sind überwiegend trockene Baumsavannen und lichte Wälder, in denen die Tiere leben. Sie halten sich dort an Bäumen auf, und nur in einigen Gebieten sieht man sie auch an Felsen sitzen.

Größe: Mit einer Gesamtlänge von 33 cm sind die Männchen ausgewachsen, die Weibchen bleiben etwas kleiner.

Kennzeichen: Die Oberseite ist graubraun bis graugrün mit einem dunkelbraunen Schulterfleck. Die Weibchen besitzen auf dem Rücken einige dunkelbraune Rautenflecken. Bei Erregung, besonders während der Fortpflanzungszeit, färben sich bei den Männchen Kopf, Kehle, Vorderkörper, Vorderbeine, Flanken und Schwanzspitze leuchtend blau.

Terrarium: Typen D und C. Da die Tiere in der Natur überwiegend an Bäumen leben, muß man diese in Form von dicken Ästen im Terrarium nachbilden. Der Bodengrund besteht aus einer ca. 5 cm hohen Sandschicht, die an einer Stelle auf ca. 15 cm erhöht und dort immer feucht gehalten werden muß. Unter einem Strahler sollte die Temperatur lokal bis auf 40 °C ansteigen.

Für eine Haltung von 1,2 Tieren (d. h. ein Männchen und zwei Weibchen) ist ein Terrarium mit einer Größe von 1 m³ ausreichend. Als Versteckmöglichkeit können einige Korkröhren hochkant aufgestellt werden. Insgesamt läßt sich sagen, daß diese Art ein hohes Lichtbedürfnis aufweist.

Haltung und Zucht: *Acanthocercus atricollis* können in einer Gruppe von einem Männchen und mehreren Weibchen gemeinsam gepflegt werden. Während der heißen Sommermonate ist eine Pflege der Tiere in einer Freilandanlage ideal. Nur muß an kühlen Tagen stundenweise ein Strahler eingeschaltet werden, unter dem sich die Agamen bis auf ihre Vorzugstemperatur erwärmen können. Eine Ruhephase von 4 bis 6 Wochen mit Temperaturen um 20 °C stimuliert sie danach zur Paarung. Nach einer Trächtigkeit von ca. 30 Tagen vergraben die Weibchen ihre bis zu 12 Eier im feuchten Sand. In mäßig feuchtem Perlite benötigen die Jungtiere bei einer Zeitigungstemperatur von 28 bis 30 °C bis zum Schlupf ca. 60 Tage. Die Nachzuchten sollten zur besseren Kontrolle separat großgezogen werden.

Futter: Die Agamen fressen die üblichen Futtertiere, wie Grillen und Heimchen, Heuschrecken, Wachsraupen, Zophobas, Mehlwürmer und Schaben. Bei fliegenden Insekten, wie Wespen, Hummeln oder Bienen sind die Tiere nicht mehr zu halten. Gelegentlich wird auch pflanzliche Kost angenommen.

Acanthosaura Gray, 1838
Nackenstachler

Von dieser Gattung sind insgesamt 4 Arten bekannt. Ihr Verbreitungsgebiet reicht von Südchina bis nach Sumatra. Sie leben hauptsächlich in geschlossenen Waldgebieten. Der bevorzugte Aufenthalt ist der untere Stammbereich der Bäume. Alle Arten besitzen einen dreieckigen Kopf und unterschiedlich große Rückenkämme.

Acanthosaura armata
(Hardwicke & Gray, 1827)

Verbreitung: Das Verbreitungsgebiet erstreckt sich von Südthailand bis hinunter nach Singapur, den Inseln Penang und Tioman, sowie den indonesischen Anamba-Inseln.

Lebensraum: Bei *Acanthosaura armata* handelt es sich um Regenwaldbewohner, die gerne im unteren Stammbereich der Bäume sitzen. Sie verlassen sich sehr stark auf ihre Tarnung und bleiben bei Annäherung ruhig sitzen. Wenn sie flüchten, dann meistens über den Boden. Dort laufen sie einige Meter weit, um dann im Laub wieder zu verharren.

Größe: Mit einer Gesamtlänge von 30 cm sind die Männchen ausgewachsen, während die Weibchen meist kleiner bleiben.

Kennzeichen: Diese Art unterscheidet sich von allen anderen *Acanthosaura*arten durch ihren hohen, mit Stacheln besetzten Rückenkamm. Der deutsche Name Nackenstachler wird dieser Art noch am gerechtesten. Die Tiere besitzen auf dem Kopf direkt über den Augen zwei große Stachelschuppen, die wie zwei Hörner aussehen. Diese Schuppen können abbrechen und wachsen

dann nicht mehr nach. Männchen können sehr auffällig gefärbt sein. Je nach Verbreitung herrschen Braun- oder Grüntöne vor. Die hellen Körperflecken sind meistens hinten dunkel eingefaßt. Die Männchen sind an der durch die Hemipenistaschen verdickten Schwanzwurzel gut zu erkennen.

Terrarium: Typ B. Es kommt nur ein feuchtes Regenwaldterrarium in Frage. Seine Höhe sollte einen Meter nicht unterschreiten. Die Temperatur liegt zwischen 22 und 28 °C und kann nachts etwas abfallen. Senkrechte Stämme sind besonders wichtig, da sich die Tiere dort am liebsten aufhalten. Eine Regen- oder Nebelanlage sorgt für die nötige relative Luftfeuchtigkeit. Ferner ist eine dichte Bepflanzung angebracht, doch sollten auch einige freie Flächen vorhanden sein.

Haltung und Zucht: Es kommt nur eine paarweise Haltung in Frage, denn in der Natur sind diese Tiere ausgesprochene Einzelgänger. Eine feste Partnerbindung gibt es nicht. Die Weibchen werden während der Paarung vom Männchen durch einen Nackenbiß gehalten. Vor der Eiablage führen die Weibchen einige Probegrabungen durch, um den richtigen Eiablageplatz zu finden. Ein Gelege kann bis zu 21 Eier enthalten. Nach der Eiablage wird die Grube zugescharrt und der Boden mit dem Kopf fest angedrückt. Die Eier werden in feuchtes Vermiculite gelegt und in einen Brutapparat überführt. Bei einer Inkubationstemperatur von 21 bis 25 °C dauert es über 190 Tage, bis die Jungen schlüpfen. Die Schlüpflinge haben eine Gesamtlänge von 70 bis 80 mm. Ihre Aufzucht bereitet keine großen Probleme, denn sie gehen ohne Schwierigkeiten ans Futter (am liebsten Nacktschnecken). Die Geschlechtsreife tritt nach ca. 1,5 Jahren ein. Eine ausreichende Versorgung mit Kalk und Vitaminen ist unerläßlich.

△ *Acanthocercus atricollis, Weibchen.*   ▷ *Acanthosaura armata.*

Futter: Heuschrecken, Grillen und Heimchen, Wachsmotten und deren Raupen, Schaben, Zophobas und Regenwürmer.

Acanthosaura crucigera
Boulenger, 1885

Verbreitung: Diese Art ist von Südvietnam über Kambodscha, Thailand und Birma bis zum nördlichen Malaysia zu finden.

Lebensraum: Es sind ausgesprochene Regenwaldbewohner, die selbst in den Bergregenwäldern bis 1800 m Höhe noch vorkommen.

Größe: Männchen können eine Gesamtlänge von 26 cm erreichen, wobei 16 cm auf den Schwanz entfallen. Weibchen bleiben etwa 2 cm kleiner.

Kennzeichen: Auch bei dieser Art befinden sich über dem Auge lange Stachelschuppen. Im Nacken sitzt ein

kurzer Kamm, der durch einen Zwischenraum deutlich vom flacheren Rükkenkamm getrennt ist. Die Männchen weisen eine schwarze Augenmaske auf, die sich vom hellen Kopf abhebt. Den hellbeigen Körper überzieht eine braune Marmorierung. Die Weibchen sind durchgehend braun gefärbt.

Terrarium: Typ B. Ein gut bepflanztes Regenwaldterrarium mit einem größeren Wasserbecken ist für diese Agamenart am geeignetsten. Die Tiere suchen das Wasserbecken regelmäßig zum Baden auf. Das Volumen des Terrariums sollte für ein Pärchen nicht weniger als $0,5 \text{ m}^3$ betragen. Armdicke Äste müssen sowohl hochkant als auch waagerecht vorhanden sein. Die Temperatur sollte 25 °C nicht überschreiten. Direkte Sonneneinstrahlung oder ein Strahler ist nicht notwendig. Sinken die Temperaturen längere Zeit auf unter 20 °C, so legen die Tiere eine Ruhephase ein.

Haltung und Zucht: Die Haltung von einem Männchen mit mehreren Weibchen ist nur in einem größeren Terrarium möglich. Die Männchen nähern sich unter Kopfnicken und mit gespreiztem Kehlsack den Weibchen. Nach einer erfolgreichen Paarung reagieren trächtige Weibchen auf andere Tiere sehr aggressiv. Das Ablegeverhalten ähnelt dem der vorherigen Art. Auch hier wird der Boden nach der Eiablage mit dem Kopf wieder fest angedrückt. Ein Gelege kann 10 und mehr Eier enthalten. Ihre Zeitigung erfolgt in feuchtem Vermiculite bei einer Temperatur von ca. 25 °C und dauert über 200 Tage.

Futter: Die Agamen fressen alles, was sie überwältigen können, etwa Regenwürmer, Schaben, Heimchen, Grillen, Heuschrecken, Wachsmotten und deren Raupen, ja sogar Nacktschnecken und Babymäuse. Es wurde auch schon beobachtet, wie eine Agame Lebendgebärende Zahnkarpfen aus dem Wasserteil erbeutete.

Acanthosaura lepidogaster Cuvier, 1829

Verbreitung: Das Verbreitungsgebiet reicht von Südchina bis nach Laos, Vietnam, Nordthailand, Kambodscha und Birma. Ferner ist diese Art auf der Insel Hainan zu finden.

Lebensraum: Es sind Bergregenwaldbewohner, die offenere Stellen wie Wegränder und Lichtungen bevorzugen. Im Gegensatz zu den anderen *Acanthosaura*arten trifft man die Tiere recht häufig auf dem Boden sitzend an.

Größe: Die Männchen können je nach Verbreitungsgebiet eine Gesamtlänge von ca. 28 cm erreichen. Die Weibchen sind immer etwas kleiner. Etwa zwei Drittel der Gesamtlänge entfallen auf den Schwanz.

Kennzeichen: Diese Art besitzt nur kurze Stacheln über dem Auge und am Hinterkopf. Je nach Verbreitungsgebiet variiert auch die Färbung. Sie besteht überwiegend aus Brauntönen, die eine rindenartige Musterung aufweisen. Die Tiere haben eine helle Kehle und einen ebensolchen Halsbereich. Hinter dem Kopf befindet sich meistens ein dunkler Nackenfleck. Die Art besitzt am Hinterkopf einen kleinen Kamm, der im Nacken unterbrochen ist und sich auf dem Rücken in spitzen Schuppen fortsetzt.

Terrarium: Typ B. Es wird ein feuchtes Regenwaldterrarium mit einigen armdicken Ästen, die hochkant aufgestellt werden, eingerichtet. Eine teilweise recht dichte Bepflanzung sollte immer vorhanden sein. Der Bodengrund wird aus Blumenerde gebildet, die mit einer Laubschicht abgedeckt wird. Es müssen auch freie Stellen vorhanden sein, damit die Tiere am Boden ungestört umherlaufen können.

Haltung und Zucht: Je nach Verbreitungsgebiet gibt es unterschiedliche warme bzw. kühle Jahreszeiten. Eine „Winterruhe" von 6 bis 8 Wochen sollte den Tieren eingeräumt werden. Hierbei sind Temperaturen von ca. 10 °C einzuhalten. Anschließend setzen meistens sofort die Fortpflanzungsaktivitäten ein. Über eine erfolgreiche Nachzucht ist uns nichts bekannt.

Futter: Regenwürmer, Heimchen, Grillen, Wachsmotten und deren Raupen, Zophobas und Heuschrecken.

Agama Daudin, 1802

Die Gattung *Agama* ist über den gesamten afrikanischen Kontinent verbreitet. Die Tiere besitzen ein großes sichtbares Trommelfell und eine Kehlfalte. Die Männchen sind an den gut ausgebildeten Präanalporen zu erkennen. Während die Weibchen bei den meisten Arten unscheinbar gefärbt sind, bestechen die Männchen durch ihre Farbenpracht.

Agama agama (Linnaeus, 1758)
Siedleragame

Verbreitung: Diese Art bewohnt weite Teile Zentralafrikas. Durch ihr auffälliges Äußeres zählt sie mit zu den häufigsten Erscheinungen.

Lebensraum: Es sind Kulturfolger, die man häufig in der Nähe von Siedlungen und Hotelanlagen finden kann. Sie leben an den Mauern der Häuser, an Felsen und auch auf Bäumen, selbst in unmittelbarer Strandnähe. Die Temperaturen steigen dort am Tage in Bodennähe auf 40 bis 45 °C, um in der Nacht auf 15 bis 20 °C abzufallen. Siedleragamen aus Westafrika benötigen eine höhere relative Luftfeuchtigkeit als solche aus dem Osten des Kontinents.

Größe: Mit einer Gesamtlänge von ca. 40 cm sind beide Geschlechter ausgewachsen. Die Weibchen bleiben oftmals geringfügig kleiner.

Kennzeichen: In den kühleren Morgenstunden sind die Agamen meist recht dunkel gefärbt. Ihr gesamter Körper weist eine dunkelbraune Färbung mit einem leicht aufgehellten Kopf auf. Die Weibchen zeigen eine stärkere Musterung als die Männchen, doch können diese innerhalb weniger Minuten ihre Färbung komplett verändern. Bei stärkerer Erwärmung oder bei Erregung bekommen sie einen leuchtend roten Kopf und einen stahlblauen Körper. *Agama agama* aus Westafrika sind oftmals intensiver gezeichnet als die Tiere aus Ostafrika.

Terrarium: Typ C. Je nach Verbreitungsgebiet – Ost- oder Westafrika – benötigen die Agamen ein trockenes oder feuchtes Terrarium. Das Trockenbecken gestaltet man am besten als Felsenterrarium. An einigen exponierten Plätzen installiert man Strahler, welche die Temperatur lokal auf 40 bis 45 °C steigen lassen. Natürlich müssen im Terrarium auch kühlere Stellen vorhanden sein. Die Größe des Behälters richtet sich nach der Anzahl der Tiere, sollte aber für ein Männchen und zwei Weibchen nicht unter L 150 × T 60 × H 60 cm liegen. Nicht vergessen darf man, daß die Tiere eine enorme Lichtmenge benötigen, weshalb sich nur hochwertige Strahler zur Beleuchtung eignen.

Haltung und Zucht: Die Haltung von einem Männchen mit mehreren Weibchen gestaltet sich problemlos. Das Terrarium muß entsprechend riesig dimensioniert sein, sowie genügend Versteck- und Aufwärmplätze bieten. Die Weibchen vergraben ihre 8 bis 12 Eier im feuchten Sand oder in der feuchten Erde. Hierfür heben sie eine Grube aus, die nach der Ablage wieder zugescharrt und festgestampft wird. Die Eier sollten aus dem Terrarium entfernt und in leicht feuchtem Vermiculite oder Perlite gezeitigt werden. Nach ca. 6 bis 8 Wochen schlüpfen die Jungtiere. Eine Aufzucht der Nachzuchten zusammen mit den

△ *Acanthosaura crucigera.*   ▽ *Agama agama.*   ▷ *Acanthosaura lepidogaster.*

erwachsenen Tieren soll möglich sein, doch ist eine separate Aufzucht, schon wegen der besseren Kontrolle, immer sinnvoller.

Futter: Die Echsen fressen alles, was sie überwältigen können, also Wanderheuschrecken, Grillen und Heimchen, Schaben, Wachsmotten und deren Raupen, Zophobas usw., aber auch kleinere Echsen und Mäusebabys.

Agama aculeata
Methuen & Hewitt, 1914

Verbreitung: Diese Art bewohnt nahezu das gesamte südliche Afrika, wobei heute 3 Unterarten unterschieden werden.

Lebensraum: Die Tiere leben überwiegend in Baumsavannen und lichten Wäldern (dort hauptsächlich an den Baumstämmen), aber auch an in diesen Gebieten vorhandenen Felsformationen.

Größe: Mit einer Gesamtlänge von ca. 26 cm sind die Männchen ausgewachsen. Die Weibchen bleiben etwas kleiner. Der Schwanz nimmt etwa die Hälfte der Gesamtlänge ein.

Kennzeichen: Die Grundfärbung ist ein helles Graubraun. Auf der Oberseite und auf dem Schwanz befinden sich unterschiedlich große dunkelbraune Flecken. Die Männchen besitzen einen kleinen Nacken- und Rückenkamm, der sich bis auf den Schwanz fortsetzt. Während der Paarungszeit bekommen sie einen blauen bis türkisfarbenen Kopf. Die verschiedenen Unterarten lassen sich an der unterschiedlichen Kehlzeichnung unterscheiden.

Terrarium: Typen C und D. Eine Felsenlandschaft mit einigen armdicken Ästen entspricht am ehesten dem natürlichen Lebensraum dieser Agamen. Der Bodengrund besteht aus Sand, der an einer Stelle ca. 15 cm hoch eingefüllt und dort immer etwas feucht gehalten wird.

An dieser Stelle müssen auch einige Versteckplätze vorhanden sein. Die Pflanzen sollten in einer separaten Schale ins Terrarium eingebracht werden. Lokal wird die Temperatur durch Strahler auf 35 bis 40 °C erhöht. Der allgemeine Temperaturbereich sollte am Tage bei 28 bis 30 °C liegen, und in der Nacht auf 20 °C zurückgehen. Am Abend wird das Terrarium einmal kurz übersprüht. Ferner sollte eine kleine Wasserschale niemals fehlen.

Haltung und Zucht: Die Tiere können nur paarweise gepflegt werden. Eine kühlere Phase von ca. 4 bis 6 Wochen Dauer, bei Temperaturen um 20 °C stimuliert die Fortpflanzung. Während der Paarungszeit färben sich Hals, Kopf und Brust des Männchens leuchtend grünblau.

Die Weibchen vergraben ihre 10 bis 18 weichschaligen Eier in dem feuchten Sand oder in einer extra aufgestellten Blumenschale.

Futter: Grillen und Heimchen, Heuschrecken, Wachsmotten und deren Raupen, Zophobas und teilweise auch pflanzliche Kost.

Agama impalearis Boettger, 1874

Verbreitung: Die Art kommt in Nordwestafrika vor, wo man sie in Marokko, Algerien und Tunesien findet.

Lebensraum: Agama impalearis lebt in felsigen Gebieten des Atlasgebirges bis in Höhen von über 1 000 m. Ein starkes Tag-Nacht-Gefälle zeichnet diese Gegend aus.

Größe: Mit einer Gesamtlänge von ca. 30 cm sind die Männchen ausgewachsen. Die Weibchen bleiben erheblich kleiner.

Kennzeichen: Die Männchen besitzen höhere Stachelschuppen am Kopf, auf dem Rücken und auf dem Schwanz. Ihre Färbung fällt wesentlich intensiver als die der Weibchen aus. Ihr Kopf kann stahlblau gefärbt sein, während der Körper eine braune Färbung aufweist.

Terrarium: Typ C. Es wird ein trockenes Felsenterrarium eingerichtet. Auf den Boden kommt eine Schicht Sand, der an einer geschützten Stelle bis auf 15 cm aufgeschüttet wird. Diese Stelle wird etwas feuchter gehalten. Die Seitenwände und die Rückwand können als Felsen hergerichtet werden. Einige größere Steine dienen als zusätzliche Versteckplätze. Die Temperatur sollte am Tage unter einem Strahler lokal 40 bis 45 °C betragen. In der Nacht muß sie auf 20 °C absinken. Die Größe des Terrariums ist mit 1 m³ für ein Paar ausreichend. Auch diese Art benötigt wieder eine intensive Beleuchtung.

Haltung und Zucht: *Agama impalearis* sollte immer nur paarweise gepflegt werden. Eine Winterruhe von November bis März fördert die Fortpflanzungsbereitschaft. Die Weibchen legen ihre Eier, es können bis zu 12 sein, in den leicht feuchten Sand. Sie weisen eine Größe von 12×22 mm auf und verdoppeln ihr Gewicht bis zum Schlupf. Bei einer Zeitigungstemperatur von 30°C benötigen die Jungtiere für ihre Entwicklung ca. 45 bis 60 Tage. Sie sind beim Schlupf 78 bis 81 mm groß und erreichen bei guter Fütterung nach 6 Monaten bereits eine Gesamtlänge von 150 mm.

Futter: Die Tiere fressen sowohl pflanzliche als auch tierische Kost. Es werden die üblichen Futtertiere, aber auch Babymäuse angenommen.

Agama mwanzae (Loveridge, 1932)

Verbreitung: Das Verbreitungsgebiet dieser Art liegt im östlichen Afrika und erstreckt sich über die Staaten Kenia, Tansania und Uganda.

Lebensraum: Es sind überwiegend Felsenbewohner, die aber als Kulturfolger auch in der Nähe von Dörfern und Hotelanlagen zu finden sind.

Größe: Die Tiere erreichen eine Gesamtlänge von ca. 40 cm, wobei die Weibchen etwas kleiner bleiben.

Kennzeichen: Am frühen Morgen zeigen die Körper der Männchen eine blaue Grundfärbung mit einigen braunen Flächen. Die Weibchen sind dann meist ziemlich dunkel graublau gefärbt, weisen aber eine stärkere Musterung als die Männchen auf. Nach Erreichen der Vorzugstemperatur sowie beim Imponieren bekommen die Männchen einen orangeroten Kopf und einen leuchtend blauen Körper.

Terrarium: Typ C. Die Tiere werden in einem Felsenterrarium gepflegt. Da sie mit *A. agama* im selben Lebensraum vorkommen, sind auch die Haltungsbedingungen gleich. Für eine Gruppe von 3 bis 4 Tieren sollte das Terrarium eine Mindestgröße von 1 m³ aufweisen.

Haltung und Zucht: Auch bei dieser Art scharen die Männchen in der Natur meist einen größeren Harem um sich. Die Haltung im Terrarium bereitet keine Probleme. Berichte über eine erfolgreiche Nachzucht liegen nicht vor.

Futter: Die Echsen fressen alles, was sie überwältigen können, also Wanderheuschrecken, Grillen und Heimchen, Schaben, Wachsmotten und deren Raupen, Zophobas usw., aber auch kleinere Echsen und Mäusebabys. Über die Erbeutung eines Grenadierfinken berichtete BURMEISTER, 1989.

Amphibolurus Wagler, 1830

Die Gattung *Amphibolurus* ist mit acht Arten in Australien vertreten. Sie ist für Australien endemisch. Es sind kleine Agamen, die eine Gesamtlänge von 200 mm selten überschreiten.

Amphibolurus nobbi Witten, 1972

Verbreitung: Diese Art lebt im östlichen Australien, vom südöstlichen

△ *Agama aculeata.*

▽ *Agama mwanzae.*

△ *Agama impalearis*, Männchen. ▽ *Agama impalearis*, Weibchen in Trächtigkeitsfärbung.

Queensland bis zum nordöstlichen New South Wales.

Lebensraum: Man findet die Tiere häufig in Trockenwäldern mit eingestreuten Felsformationen. Im Tafelland von New South Wales sollen sich die Tiere während der Paarungszeit, also im späten Frühjahr und im Herbst, an bevorzugten Stellen sammeln. Hierbei werden nach Norden ausgerichtete Hänge bevorzugt.

Größe: Mit knapp 200 mm Gesamtlänge, wovon nur 75 mm auf den Körper entfallen, gehört *Amphibolurus nobbi* zu den kleineren Agamenarten.

Kennzeichen: Die Weibchen und die Jungtiere haben eine schmutzig graue bis graubraune Grundfärbung. Unregelmäßige Flecken ziehen sich vom Nacken bis zur Schwanzwurzel. Je ein dorsolateraler heller Streifen reicht beiderseits vom Nacken bis zum Schwanzansatz. Die Männchen sind am Schwanzansatz rosa bis rot gefärbt und besitzen strahlend gelbe Streifen.

Terrarium: Typ C. Der Bodengrund kann aus Sand oder aus einem Sand-Lehm-Gemisch bestehen. Einige Steine sollten als Versteckplätze aufgebaut werden. Äste können vorhanden sein und werden auch als Aussichtspunkte angenommen. Unter Strahlern kann die Temperatur lokal auf 35 °C erhöht werden. Eine Stelle im Terrarium sollte feucht gehalten werden. Pflanzen können vorhanden sein und werden auch nicht beschädigt. Für ein Paar reicht ein Volumen von 0,5 m³ aus.

Haltung und Zucht: Die Haltung im Terrarium bereitet keine Probleme. Über eine erfolgreiche Zucht liegen keine Kenntnisse vor. Die Weibchen legen 6 bis 10 Eier in den feuchten Boden ab. Eine Überwinterung entfällt.

Futter: Heimchen, Grillen, kleine Heuschrecken, Wachsmotten und deren Raupen, Mehlwürmer und kleine Zophobas.

Aphaniotis Peters, 1864

Die 4 Arten dieser Gattung kommen in Südostasien vor. Ihr Verbreitungsgebiet erstreckt sich von der malaiischen Halbinsel bis nach Borneo und Sumatra sowie den vielen kleinen vorgelagerten Inseln. Es sind kleinere Agamen, die hauptsächlich in zusammenhängenden Waldgebieten gefunden werden.

Aphaniotis fusca Peters, 1864

Verbreitung: Die Art kommt auf der Malaiischen Halbinsel sowie auf Pulau Tioman, Borneo und Sumatra vor.

Lebensraum: Die Tiere bevorzugen den Buschbereich oder dünne Baumstämme, seltener dicke Bäume. Es sind Regenwaldbewohner des Flachlandes.

Größe: Ausgewachsene Tiere erreichen eine Gesamtlänge von ca. 200 mm.

Kennzeichen: Auffallend ist das blaue Maul der Echsen. Da sie immer mit offenem Maul drohen, kann man den blauen Rachenraum leicht erkennen. Der Körper beider Geschlechter ist durchgehend olivgrün bis grünbraun gefärbt. Eine schwache Bänderung oder Fleckenzeichnung kann vorhanden sein. Die Farbe der Iris ist bei den Männchen blau und bei den Weibchen braun. Ferner besitzen die Männchen einen etwas größeren Kehlsack als die Weibchen.

Terrarium: Typ B. Zur Pflege eignet sich nur ein dicht bepflanztes Regenwaldterrarium. Dünne, stark verzweigte Äste werden von den Tieren gerne als Sitzplatz angenommen, wobei senkrecht angeordnete Zweige eindeutig bevorzugt werden.

Das Terrarium darf nicht zu klein ausfallen, eine Seitenlänge von 80 cm sollte nicht unterschritten werden. Eine Sprüh- oder Nebelanlage ist sehr hilfreich. Der ideale Temperaturbereich liegt zwischen 22 bis 28 °C.

Haltung und Zucht: Die Haltung mehrerer Tiere gestaltet sich problemlos, vorausgesetzt, das Terrarium ist groß genug. Für vier Tiere reicht ein Terrarium von ca. 1 m^3 aus. Die Agamen sollten die Möglichkeit haben, einen ständigen Sichtkontakt zu vermeiden. Eine dichte Bepflanzung ist dabei sehr hilfreich. Die Weibchen legen nur jeweils 1 bis 2 Eier im feuchten Boden ab. Bei uns schlüpften die Jungtiere von selbst im Terrarium.

Die Aufzucht erfolgt am besten in kleinen Behältern und bereitet keine besonderen Schwierigkeiten. Allerdings benötigen die Jungtiere ständig hohe Kalk- und Vitaminzugaben, um problemlos zu wachsen.

Futter: Es wurden der Größe entsprechende Heimchen, Grillen, Wachsmotten und deren Raupen, Stubenfliegen und Drosophila, aber auch Ameisen gefressen.

Bronchocela Kaup, 1827

Die 7 Arten der Gattung *Bronchocela* haben ein Verbreitungsgebiet, das von Birma bis zum indo-australischen Archipel reicht. In vielen Gebieten findet man die Tiere auch als Kulturfolger. Obwohl sie häufig in offeneren Waldgebieten zu finden sind, handelt es sich nicht um Sonnenanbeter. Sie bevorzugen hauptsächlich die Schattenzonen der Bäume.

Bronchocela cristatella (Kuhl, 1820)

Verbreitung: *Bronchocela cristatella* kommt von Birma, über die Philippinen bis nach Neuguinea vor.

Lebensraum: Die Tiere bewohnen die Randgebiete der Wälder. Sie bevorzugen dort den Stammbereich der Bäume.

Größe: Die Männchen erreichen eine Gesamtlänge von 40 bis 45 cm, wobei mehr als zwei Drittel auf den Schwanz entfallen. Die Weibchen bleiben in der Regel etwas kleiner. Es soll auch Populationen geben, in denen die Tiere eine Gesamtlänge von mehr als 55 cm erreichen.

Kennzeichen: Die Agamen sind einheitlich grün gefärbt, wobei einige helle Flecken und eine feine Querbänderung vorhanden sein können. Der Kopf ist länglich und hat nicht die Dreiecksform, die für die Gattung *Calotes* charakteristisch ist. Die Tiere sind zu einem schnellen Farbwechsel fähig. Die Männchen besitzen einen kleinen Kehlsack, der eine rötliche Färbung annehmen kann. Im Nacken befindet sich ein kurzer Kamm.

Terrarium: Typ B. Das Terrarium sollte für ein Pärchen nicht unter 1 m^3 groß sein. Einige dicke Äste müssen senkrecht eingebracht werden. Eine Bepflanzung, die an einigen Stellen etwas dichter steht, sorgt für die nötigen Versteckplätze. Die Tiere benötigen aber unbedingt einige offene Stellen.

Das Frischluftbedürfnis ist bei dieser Art sehr groß. Ein Ventilator ist daher sehr hilfreich. Hierbei muß aber auch auf die notwendige höhere relative Luftfeuchtigkeit geachtet werden, sie sollte in der Nacht bei 80 bis 100 % liegen. Der Temperaturbereich bewegt sich zwischen 22 bis 28 °C. Da die Art ein sehr großes Verbreitungsgebiet hat, ist es immer wichtig zu wissen, woher die gepflegten Tiere stammen.

Haltung und Zucht: Bisher ist nicht sehr viel über die Haltung und Zucht dieser Art im Terrarium bekannt. Die Agamen sollten nur paarweise gepflegt werden. Da sie auch kleinere Echsen fressen, muß man bei der Vergesellschaftung mit anderen Tieren sehr vorsichtig sein. Die Weibchen legen 1 bis 2 Eier in den feuchten Boden. Es sind sehr langgezogene Gebilde, deren Größe etwa 9 × 42 mm beträgt. Über die Zeitigung und die Aufzucht der Jungtiere liegen keine Erfahrungen vor.

△ *Amphibolurus nobbi.*   ▽ *Aphanotis fusca.*

△ *Bronchocela cristatella.*   ▽ *Calotes calotes.*

Futter: Gefressen werden Heimchen, Grillen, Schaben, Heuschrecken, Wachsmotten und deren Raupen.

Calotes Cuvier, 1817

Schönechsen

Die Gattung besitzt ein sehr großes Verbreitungsgebiet, es reicht von Mauritius (eingeschleppt) bis nach Sumatra. Man findet sie nördlich bis zum Himalaja-Gebirge und nach Südchina. An vielen Stellen sind die Tiere reine Kulturfolger geworden. Die meisten Arten bevorzugen ein etwas offeneres Gelände. Ihr Körper ist seitlich abgeflacht und der lange Schwanz kann zwei Drittel der Gesamtlänge ausmachen. Die Männchen haben meistens einen höheren Rückenkamm als die Weibchen. Sie sind untereinander sehr streitsüchtig, und es kann zu heftigen Beißereien kommen. Vorsicht bei der Vergesellschaftung mit anderen Tieren, kleinere Echsen werden gefressen.

Calotes calotes (Linnaeus, 1758)

Verbreitung: Die Art findet man in Südindien sowie auf Sri Lanka und den Nikobaren.

Lebensraum: In Sri Lanka leben die Tiere genau so häufig an den Waldrändern wie in den Gärten der Bevölkerung. Es sind Kulturfolger, die sich den Platz mit *Calotes versicolor* teilen. *Calotes calotes* bevorzugt den Baumbereich, während *Calotes versicolor* mehr am Boden lebt. *Calotes calotes* lebt allerdings sehr versteckt, und gerade die Weibchen sind schwer zu finden.

Größe: Bei einer Gesamtlänge von 50 bis 60 cm entfallen 30 bis 40 cm auf den Schwanz. Die Weibchen bleiben immer etwas kleiner.

Kennzeichen: Wenn die Tiere nicht in Erregung geraten oder unter Streß stehen, sind sie einheitlich grün gefärbt.

Die Männchen besitzen einen hohen Nackenkamm, der zum Schwanzansatz hin ausläuft. Diese Agamen können sich ziemlich dunkel umfärben. In Balzstimmung bekommt das Männchen einen leuchtend roten Kopf. Einige Querstreifen können vorhanden sein.

Terrarium: Typ B. Es sollte ein Regenwaldterrarium mit einigen frei stehenden Stämmen sein. Die Männchen präsentieren sich sehr gerne an offenen Stellen. Da die Weibchen sehr scheu sind, müssen ausreichend Versteckplätze vorhanden sein. Ein Strahler bringt die Temperatur lokal im Strahlungsbereich auf 30 bis 35 °C. Ein Temperaturbereich von 24 bis 28 °C sollte im gesamten Terrarium vorherrschen. Da die Art auch im Bergland vorkommt, können hier die Temperaturen zeitweise auf unter 20 °C absinken. Die Terrarien sollten eine Höhe von 1,5 m nicht unterschreiten und eine Länge von ca. 1,8 m besitzen. Ein größeres Wasserbekken ist angebracht, da die Tiere sehr gerne fließendes Wasser aufsuchen. Eine relative Luftfeuchtigkeit von 75 % am Tage und 95 % in der Nacht ist einzuhalten.

Haltung und Zucht: Es handelt sich bei diesen Tieren um eine sehr heikle Art. Nur eine paarweise Haltung kommt in Frage. Bisher sind nur wenige Nachzuchterfolge bekannt. Die Weibchen vergraben ihre Eier im feuchten Boden. Hierfür wird eine kleine Mulde gegraben, die nach der Eiablage wieder sorgfältig zugescharrt wird. Hierbei wird der Boden immer wieder mit dem Kopf festgestampft. Bei uns wurden einmal 6 und einmal 8 Eier abgelegt. Ein Gelege kann auch aus mehr als 10 Eiern bestehen. Ihre Zeitigung erfolgte in feuchtem Vermiculite. Die Jungtiere schlüpften bei einer Zeitigungstemperatur von 28 °C nach 70 bis 75 Tagen. Ihre Aufzucht ist sehr problematisch. Schon die Nachzuchten benötigen ein geräumiges, gut bepflanztes Terrarium. Sie fressen sehr gerne kleine Wachsraupen.

Futter: Grillen und Heimchen, Zophobas, Wachsmotten und deren Raupen. Die Tiere fressen auch selbständig nackte Mäuse und alle kleiner bleibenden Echsen.

Calotes emma Gray, 1845

Verbreitung: Die Art besitzt ein sehr ausgedehntes Verbreitungsgebiet, es reicht von der Malaiischen Halbinsel östlich bis nach Vietnam und westlich über Thailand, Birma bis nach Indien.

Lebensraum: Sehr häufig findet man die Tiere auf Waldlichtungen, sowie an Waldrändern. Sie sitzen im unteren Stammbereich oder auf den Zweigen der Büsche. In der Nacht schlafen sie auf dünnen Ästen.

Größe: Mit einer Gesamtlänge von 40 cm sind die Tiere ausgewachsen, wobei gut zwei Drittel davon auf den Schwanz entfallen. Die Weibchen bleiben etwas kleiner als die Männchen.

Kennzeichen: Je nach Verbreitungsgebiet variieren die Tiere in Zeichnung und Farbe sehr stark. Charakteristisch für diese Art sind die hellen Dorsolateralstreifen. Der hohe Nackenkamm läuft zum Schwanz hin in einen niedrigen, aus spitzen Stachelschuppen bestehenden Kamm aus. Der Rückenkamm der Weibchen ist niedriger. Am hinteren Ende des Augenbrauenbogens befinden sich hohe Stachelschuppen. Die Weibchen besitzen einen hellen Kehlsack, der mit dunklen Punkten und Strichen übersät ist. Die Tiere sind in der Lage, Lautäußerungen hervorzubringen.

Terrarium: Typ B. Wegen des immensen Verbreitungsgebietes stellen die Tiere von Fall zu Fall auch unterschiedliche Ansprüche. Tiere aus nördlichen Regionen müssen zeitweise trocken gehalten werden. Alle anderen lassen sich in Regenwaldterrarien pflegen. Einige

armdicke, senkrecht stehende Äste müssen vorhanden sein. Eine lockere Bepflanzung ist angebracht, sie sollte aber nicht zu dicht sein. Die Temperatur muß bei 25 bis 30 °C (mit einer relativen Luftfeuchtigkeit von mindestens 75 %) liegen. Das Terrarium wird daher morgens und abends einmal überbraust. Eine Sprühanlage wäre sinnvoll.

Haltung und Zucht: Die Tiere können nur paarweise gepflegt werden. Die Weibchen vergraben ihre 4 bis 12 Eier in der feuchten Erde. Hierfür heben sie eine flache Grube aus, die anschließend wieder säuberlich zugescharrt wird. Die 11×17 mm großen Eier wurden bei einer Temperatur von durchschnittlich 25 bis 28 °C gezeitigt. Die Jungtiere schlüpften dann nach 62 bis 74 Tagen. Bei niedrigeren Temperaturen kann die Zeitigung über 100 Tage dauern.

Futter: Heimchen, Grillen, Heuschrecken, Wachsmotten und deren Raupen, Mehlwürmer und Zophobas.

Calotes nigrilabris Peters, 1860

Verbreitung: Bei *Calotes nigrilabris* handelt es sich um eine Hochlandagame aus Sri Lanka. Sie kommt in Höhenlagen von 1 000 bis 2 500 m vor.

Lebensraum: Die Art bevorzugt die Ränder der Waldgebiete. Dort leben die Tiere häufig auch in der Nähe von Ortschaften. Bedingt durch die Höhenlage ihres Verbreitungsgebietes treten im Tagesverlauf oft enorme Temperaturschwankungen auf.

Größe: Die Männchen können eine Gesamtlänge von mehr als 40 cm erreichen, wobei mehr als zwei Drittel auf den Schwanz entfallen. Die Weibchen bleiben etwas kleiner.

Kennzeichen: Je nach Temperatur und Tageszeit können die Tiere unterschiedlich gefärbt sein. Morgens sind die Tiere meist recht dunkel. Die Grundfärbung

Calotes emma.

besteht aus verschiedenen Grüntönen, die bis ins Blau variieren können. Die Kopfseiten der Männchen überzieht ein dunkles Band. Ein Kamm beginnt im Nacken und endet am Schwanzansatz. Die Bauchseite ist häufig gelblich gefärbt. Die Tiere haben einen hohen dreieckigen Kopf.

Terrarium: Typ B. Zur Pflege eignet sich ein gut bepflanztes Nebelregenwaldterrarium mit einigen senkrecht stehenden, armdicken Ästen. Der Bodengrund kann aus einem Sand-Torf-Gemisch gebildet werden. Es muß täglich gesprüht werden, dabei ist eine Sprüh- oder Nebelanlage eine wesentliche Erleichterung. Die Temperaturen liegen am Tage bei 25 bis 28 °C und gehen in der Nacht auf Zimmertemperatur zurück.

Haltung und Zucht: Diese attraktive Baumagamenart wird am besten immer paarweise gepflegt. Bisher ist nicht sehr viel über sie bekannt. Die Weibchen vergraben in der Natur ihre 2 bis 4 Eier in der feuchten Erde.

Futter: Diese Agamenart frißt alle üblichen Futtertiere, daneben aber auch Regenwürmer.

Calotes rouxi Dumeril & Bibron, 1837

Verbreitung: Diese Art ist nur in den feuchteren Regionen Südindiens beheimatet.

Lebensraum: Es handelt sich um eine baumbewohnende Art, die in Waldgebieten, aber auch in der Kulturlandschaft gefunden wird.

Größe: Die Gesamtlänge beträgt ca. 25 cm. Davon entfallen zwei Drittel auf den Schwanz.

Kennzeichen: Die Färbung der Tiere besteht überwiegend aus braunen Farbtönen, mit einer etwas dunkleren Muste-

△ *Calotes nigrilabris.*

▽ *Calotes rouxi.*

rung. Die Weibchen sind oftmals auch einheitlich braun. Während der Fortpflanzungszeit zeigen die Männchen ein tiefschwarzes „Hochzeitskleid", mit einem roten Kopf und hellen Rückenstreifen. Sicheres Erkennungsmerkmal der Männchen ist ihr Kehlsack. Ein Nackenkamm ist bei beiden Geschlechtern vorhanden, ein Rückenkamm jedoch nur bei den Männchen andeutungsweise ausgebildet.

Terrarium: Typ B. Die Art sollte möglichst immer paarweise gepflegt werden. Die Temperaturen können unter einem Strahler lokal bis auf 40 °C ansteigen. Es müssen aber auch immer kühlere Rückzugsgebiete im Terrarium vorhanden sein. Eine Freilandhaltung in den heißen Sommermonaten bekommt den Tieren sehr gut. Die Terrarieneinrichtung kann aus einigen armdicken Ästen und einer Wandverkleidung aus Rindenabschwarten gebildet werden. Die Bepflanzung sollte nicht zu dicht sein. Einmal täglich wird das Terrarium überbraust.

Haltung und Zucht: Die Tiere sollten paarweise gepflegt werden. Über eine erfolgreiche Zucht liegen keine Angaben vor. Die Weibchen vergraben in der Natur ihre 4 bis 9 weichschaligen Eier im feuchten Erdreich.

Futter: *Calotes rouxi* ist ein reiner Insektenfresser.

Calotes versicolor (Daudin, 1802)

Verbreitung: Diese Art hat durch ihre erstaunliche Anpassungsfähigkeit ein riesiges Verbreitungsgebiet erobert. Man findet die Agame vom Iran bis nach Sumatra, also im gesamten asiatischen Raum. Ferner wurde sie auf Mauritius eingeschleppt.

Lebensraum: *Calotes versicolor* ist an keinen bestimmten Lebensraum gebunden. Offene Flächen werden gegenüber geschlossenen Waldgebieten eindeutig

bevorzugt. Die Tiere sind im Flachland genau so häufig wie in höheren Lagen anzutreffen. In einigen Gebieten wurden sie noch bis in über 2000 m Höhe gefunden.

Größe: Innerhalb des Verbreitungsgebietes variieren die Tiere auch in der Größe. Ausgewachsene Männchen können eine Gesamtlänge von über 45 cm erreichen, wobei mehr als zwei Drittel auf den Schwanz entfallen. Die Weibchen bleiben immer wesentlich kleiner.

Kennzeichen: Die Färbung besteht hauptsächlich aus Braun- und Gelbtönen. Die Männchen bekommen in der Paarungszeit einen kräftig roten Kehlsack. Bei einigen Populationen kann sich der gesamte Vorderkörper rot färben. Die Männchen besitzen einen ausgeprägten Rückenkamm, während er bei den Weibchen im Nacken nur angedeutet ist. Weibchen und Jungtiere weisen eine stärkere Musterung auf. Die Tiere können ihre Farbe sehr schnell wechseln.

Terrarium: Typ B. Für ein Pärchen sollte ein Terrarium mit ca. 0,8 m^3 Volumen zur Verfügung stehen. Die Temperaturen können unter einem Strahler lokal bis auf 40 °C ansteigen. Es müssen aber auch immer Temperaturbereiche unter 30 °C im Terrarium vorhanden sein. Eine Freilandhaltung in den heißen Sommermonaten bekommt den Tieren sehr gut. Die Terrarieneinrichtung kann aus einigen armdicken Ästen oder einem künstlichen Felsaufbau bestehen. Die Bepflanzung sollte nicht zu dicht sein. Einmal täglich wird das Terrarium überbraust.

Haltung und Zucht: Die Art sollte möglichst immer paarweise gepflegt werden. Zwei Männchen kann man nicht zusammen halten, da sie große Reviere ausbilden, in denen keine Konkurrenten geduldet werden. Dagegen ist eine Haltung von einem Männchen mit mehreren Weibchen in einem großzügig dimensionierten Terrarium möglich. Bei der gemeinsamen Pflege mehrerer Tiere muß unbedingt darauf geachtet werden, daß alle aus dem gleichen Gebiet stammen, denn bei dem riesigen Verbreitungsgebiet existieren neben unterschiedlichen Fortpflanzungszeiten teilweise auch leicht variierende Verhaltensmuster. Je nach Herkunft lösen die unterschiedlichen Jahreszeiten (Temperaturveränderungen oder das Einsetzen der Regenzeit) die Fortpflanzung aus. In den Höhenlagen beginnen die Männchen zum Beispiel nach der kühlen Phase mit den Revierkämpfen und der Werbung. Bei der kurzen Paarung wird das Weibchen vom Männchen mit den Vorderbeinen festgehalten. Die Weibchen vergraben nach einer 4- bis 6wöchigen Trächtigkeit die Eier in einer bis zu 15 cm tiefen Mulde. Je nach Alter werden bis zu 25 Eier abgelegt. Gezeitigt werden sie in feuchtem Vermiculite bei einer Temperatur von 23 bis 28 °C. Bei einer Temperatur von 22 bis 23 °C beträgt die Zeitigungsdauer etwa 79 Tage.

Futter: Grillen und Heimchen, Wachsmotten und deren Raupen, Zophobas, auch nackte Mäuse. Sehr häufig kann man beobachten, wie sich ausgewachsene Tiere an einer Ameisenstraße über Unmengen von Ameisen hermachen. Darüber hinaus fressen sie alles, was sie bewältigen können, auch Echsen und Frösche.

Ceratophora Gray, 1834

Alle drei Arten dieser einzigartigen Gattung sind für Sri Lanka endemisch. Es handelt sich um Bewohner der feuchten Bergwälder (Regen- bis Bergnebelwald) bis zu einer Höhe von 2 000 m über NN. Sie sind sehr stark an ihren Lebensraum gebunden. Alle Arten sind durch Habitatzerstörung in ihrem Bestand gefährdet. Der deutsche Name Hornagame steht für den Schnauzen-

fortsatz, den diese Tiere besitzen. Er ist insbesondere bei den Männchen gut ausgeprägt. Das Gebilde ist weich und beweglich, und es kann bei unvorsichtiger Handhabung abbrechen. Es sind keine sichtbaren Trommelfelle und keine Rückenkämme vorhanden. Lange Zeit galten diese Agamen als Problemtiere im Terrarium. Erst Herrn BARTELS, Dinslaken, gelang die erfolgreiche Nachzucht (inzwischen schon in der zweiten Generation).

Ceratophora aspera Günther, 1864
Hornagame

Verbreitung: *Ceratophora aspera* lebt ausschließlich in den Bergregenwäldern Sri Lankas.

Lebensraum: Die Tiere halten sich häufig im unteren Krautbereich und auf dem Boden auf. Ihre Nahrung erjagen die winzigen Agamen überwiegend am Boden und in der Laubschicht. Zwischen dem Fallaub sind die Tiere hervorragend getarnt.

Größe: Mit einer Gesamtlänge von ca. 80 mm handelt es sich um die kleinste Agamenart auf Sri Lanka. Die Männchen bleiben meistens noch etwas unter dieser Schwelle.

Kennzeichen: Die Tiere sind dunkelgrau bis graubraun gefärbt. Die Männchen besitzen eine orangebraune Kehle und einen im Verhältnis zum Körper langen Schnauzenfortsatz, der bei den Weibchen wesentlich kleiner ausfällt.

Terrarium: Typ B. Mit einem Volumen von 0,15 m^3 ist das Terrarium für ein Paar völlig ausreichend bemessen. Eine dichte Bepflanzung erscheint angebracht. Der Boden sollte aus Blumenerde bestehen, die mit einer Schicht Waldlaub bedeckt wird. Eine Nebel- oder Sprühanlage ist sehr hilfreich. Die Temperatur sollte am Tage 25 °C niemals überschreiten und in der Nacht ist eine

◁ *Calotes versicolor.*   △ *Ceratophora aspera.*

Abkühlung auf weniger als 20 °C sinnvoll.

Haltung und Zucht: Die Tiere leben in der Natur paarweise zusammen. Eine Vergesellschaftung mehrerer Paare bereitet keine Probleme, da die Tiere nur kleine Reviere bilden und die innerartliche Aggressivität nicht all zu stark ausgeprägt ist. Für ausreichende Versteckmöglichkeiten muß jedoch gesorgt sein. Die Weibchen vergraben ihre 2 Eier in einer Mulde am Boden. Nach der Eiablage wird die Stelle gut getarnt. Das umliegende Laub wird dafür mit dem Schwanz umhergewirbelt. Mit einer Gesamtlänge von nur 35 mm sind die Schlüpflinge sehr klein.

Futter: Es wird nur kleines Futter wie Würmer, Wachsraupen, Heimchen, Stubenfliegen und Drosophila angenommen.

Ceratophora stoddartii Gray, 1834

Verbreitung: Auch diese Art findet man nur im Hochland von Sri Lanka. Hier leben die Tiere in den Bergnebelwäldern um Nuwara Eliya, Hakgala, Dimbula und Radnapura.

Lebensraum: Es sind reine Baumbewohner, die aber nur in den untersten 2 m des Stammbereichs sitzen. Man kann sie auch in Hotelgärten antreffen. Sie sitzen dort hauptsächlich an den dünnen Stämmen der Sträucher, insbesondere der Rhododendronbüsche.

Größe: Die Art erreicht eine maximale Gesamtlänge von über 230 mm, die Weibchen bleiben jedoch meist unwesentlich kleiner.

Kennzeichen: Die Tiere tragen auf der Schnauzenspitze ein rundes, fleischiges, weiches Horn. Dieses ist bei den

Männchen wesentlich größer als bei den Weibchen. Da es aber sehr leicht abbricht, findet man häufig hornlose Tiere. Die Männchen besitzen darüber hinaus ein lappenartiges Nackensegel, welches zum Imponieren benutzt wird.

Die Färbung setzt sich aus grünen und braunen Tönen zusammen, die durch schwarze Streifen und Flecken unterbrochen werden. Die Kehle, die Lippen und das Horn sind weiß. Die braunen Weibchen tragen auf dem Rücken ein helles Längsband. Den Körper bedecken große, unregelmäßig angeordnete dachziegelartige Schuppen. Die Tiere können ihre Färbung der Umgebung anpassen.

Terrarium: Typ B. Diese Agamen benötigen ein sehr geräumiges Regenwaldterrarium mit finger- bis armdicken, senkrecht stehenden Ästen. Einige Stellen müssen etwas dichter bepflanzt sein. Die Rückwand und die Seitenwände können mit Rinde oder Korkplatten verkleidet werden. Eine Nebel- oder Sprühanlage ist äußerst sinnvoll, da eine relative Luftfeuchtigkeit von 75 % und mehr eingehalten werden sollte. Bei Temperaturen von 17 °C in der Nacht und 21 °C am Tage (in den Sommermonaten teilweise bis auf 25 °C ansteigend) und einer Beleuchtungsdauer von 12 Stunden gestaltete sich die Haltung problemlos (BARTELT, 1995). Wasserschalen, in denen die Tiere baden können, müssen vorhanden sein.

Haltung und Zucht: Die Tiere können nur paarweise gepflegt werden. BARTELT fand heraus, daß bei den Tieren eine feste Partnerbindung vorhanden ist. Selbst eine Vergesellschaftung mit anderen Arten kann bei den Tieren Streßsituationen auslösen. Diese Agamen sind im allgemeinen sehr ruhig. Am Morgen nehmen sie ein ausgiebiges Bad, wobei meistens Kot abgesetzt wird. Danach muß das Wasser erneuert werden. Während der Paarung wird das Weibchen nicht durch einen Nackenbiß gehalten.

Es kann aber vorkommen, daß das Männchen mehrere Stunden vom Weibchen umhergetragen wird. In dieser Zeit paaren sich die Tiere des öfteren, wobei jede Kopulation ca. 20 Minuten dauern kann. Einige Tage vor der Eiablage beginnt das Weibchen damit, durch Probegrabungen den richtigen Ablageplatz zu suchen.

In einer bis 10 cm tiefen Grube werden die 2 bis 5 Eier vergraben. Das Gelege wird vom Weibchen schichtweise zugescharrt und die Erde immer wieder mit dem Kopf festgestampft. Die Eier können im Terrarium gezeitigt werden. Bei BARTELT, 1995, schlüpften die Jungtiere nach 81 Tagen.

Weibchen sind direkt nach dem Schlupf an dem hellen, glattrandigen Rückenstreifen zu erkennen. Die Jungtiere sollten von den Adulti getrennt aufgezogen werden. Junge Männchen dürfen nicht gemeinsam gepflegt werden, da die schwächeren unweigerlich unterdrückt werden. Nach drei Tagen nehmen die Jungen selbständig Futter auf. Bereits drei Wochen später beginnen die Hörnchen zu wachsen.

Futter: Der Größe der Tiere entsprechende Grillen und Heimchen, Wachsmotten und deren Raupen, Fliegen, Heuschrecken, Regenwürmer, Nackt- und kleine Gehäuseschnecken sowie Wiesenplankton.

Ceratophora tennentii Günther, 1861

Verbreitung: Die Art lebt in den Knuckles-Bergen von Sri Lanka.

Lebensraum: Es handelt sich um reine Bewohner der Nebelwälder in Höhenlagen von 900 bis 1200 m. Die Lebensräume ähneln denen der vorherigen Art sehr. Sie sind oftmals stundenlang in dichten Nebel gehüllt, und auch tagelange Regenfälle sind keine Seltenheit.

Größe: Die Art ist mit einer Gesamtlänge von 220 mm ausgewachsen, wovon über die Hälfte auf den Schwanz entfallen.

Kennzeichen: Diese Agame besitzt einen fleischigen, seitlich abgeflachten Nasenfortsatz, den die Tiere auf- und abbewegen können. Er ist bei den Männchen stärker ausgeprägt als bei den Weibchen. Diese besitzen ein aus verschiedenen Abstufungen von Braun zusammengesetztes Farbkleid. Die Männchen sind im Gegensatz dazu sehr intensiv gefärbt: Ihre Seiten können grün, gelb oder dunkelblau gefärbt sein. Sie besitzen einen großen gelblichen Kehlsack, den sie bei Erregung flattern lassen. Ein Nackensegel wird beim Drohen und Imponieren aufgestellt. Die Mundschleimhäute sind blau.

Terrarium: Typ B. Die Einrichtung kann der für die vorherige Art benötigten entsprechen. Auch bei dieser Spezies sind eine höhere relative Luftfeuchtigkeit und eine kühlere Haltung erforderlich. Ein größeres Wasserbecken muß immer vorhanden sein, da die Tiere sehr gerne baden. Es sollte aber nur so tief sein, daß die Tiere darin stehen können.

Haltung und Zucht: Bisher gibt es nur vereinzelte Angaben über eine längere erfolgreiche Haltung. Sie sollte immer paarweise vorgenommen werden. Vor einer Paarung imponiert das Männchen dem Weibchen in den leuchtendsten Farben. Wenn das Weibchen zur Paarung bereit ist, bleibt es sitzen und läßt sich vom Männchen begatten.

Nach einer mehrwöchigen Trächtigkeit gräbt es eine kleine Mulde in den Boden, um seine Eier abzulegen. Ein Gelege kann bis zu 10 Eier enthalten. Die Mulde wird anschließend wieder zugescharrt und mit den Füßen festgetreten.

Futter: Der Größe der Tiere entsprechende Grillen und Heimchen, Wachsmotten und deren Raupen, Fliegen, Heuschrecken, Regenwürmer, Nackt- und kleine Gehäuseschnecken.

Chlamydosaurus Gray, 1825
Kragenechse

Der deutsche Name Kragenechse weist auf eine Hautfalte hin, die wie ein Kragen aufgestellt werden kann. Es sind große Tiere, die bei Gefahr nur auf den Hinterbeinen laufend flüchten können. Hierbei erreichen sie eine enorme Geschwindigkeit. In die Enge getrieben spreizen sie ihren Kragen ab und reißen das Maul auf. Bei großen Tieren kann der Kragen einen Durchmesser von 25 bis 30 cm erreichen. Den Schwanz können sie wie eine Peitsche benutzen und mit ihren Kiefern kräftig zubeißen.

Chlamydosaurus kingii Gray, 1825

Verbreitung: Die Art bewohnt das nördliche und nordöstliche Australien sowie den Süden von Neuguinea.

Lebensraum: Die Kragenechsen leben auf Bäumen, wobei sie aber auch immer wieder auf den Boden gehen, um Nahrung zu suchen. Sie bevorzugen trockene bis halbtrockene, offene Gebiete mit lockerem Baumbestand.

Die Temperaturen liegen dort am Tage bei 30 bis 35 °C und sinken in der Nacht nicht unter 20 °C. Nur im südlichsten Verbreitungsgebiet (bis Brisbane) fällt die Temperatur im Winter auch unter die 20-°C-Marke.

Größe: Es wurden schon Tiere mit einer Gesamtlänge von 1 m gefunden. In der Regel erreichen sie aber nur eine Größe von 60 bis 80 cm.

Kennzeichen: Die Grundfärbung von *Chlamydosaurus kingii* ist grau bis braun, kann aber auch bis zu schwarz übergehen. Eine Musterung kommt gelegentlich vor. Der Kragen ist meistens heller gefärbt und variiert im unteren Bereich bisweilen von gelb bis dunkelrot. Die Geschlechter sind gleich gefärbt, nur besitzen die Männchen einen größeren Kopf als die Weibchen. Die

Ceratophora stoddartii.

Chlamydosaurus kingii.

australischen Tiere sind intensiver gefärbt als jene aus Neuguinea.

Terrarium: Typen A und B. Entsprechend ihrer Größe benötigen die Agamen auch sehr geräumige Behälter. Das Terrarium sollte ein Volumen von 1,5 m³ nicht unterschreiten. Der Boden wird mit einer 5 bis 10 cm hohen Sandschicht bedeckt. Armdicke Äste müssen in vertikaler und waagerechter Anordnung vorhanden sein. Jedes Tier sollte die Möglichkeit haben, ungestört seine Vorzugstemperatur erreichen zu können. Hierfür werden mehrere Strahler über dem Behälter installiert, die die Temperatur im Strahlungsbereich auf 35 bis 40 °C ansteigen lassen. Einmal täglich wird das Terrarium überbraust. Eine Stelle am Boden sollte immer feucht gehalten werden.

Haltung und Zucht: Da die Tiere in der Natur Einzelgänger sind und nur zur Paarung zusammenkommen, sollten sie auch einzeln gehalten werden. Eine Winterruhe von 4 bis 6 Wochen bei 17 bis 20 °C wirkt fortpflanzungsstimulierend. In dieser Zeit wird die Fütterung eingestellt. Nach REISINGER, 1995, führt ein zu frühes Zusammensetzen der Tiere nach der Winterruhe zuerst zu einem unbefruchteten Gelege. Zur Eiablage suchen die Weibchen eine feuchte Stelle im Terrarium auf. Dies kann auch eine größere Schale sein, die mit einem feuchten Torf-Sand-Gemisch gefüllt wird. Die Anzahl der Eier hängt vom Alter und vom Ernährungszustand des Weibchens ab und kann etwa 10 bis 15 Stück betragen. Bei einer Zeitigungstemperatur von 28,5 °C schlüpfen die Jungtiere nach 85 bis 90 Tagen.

Eine gemeinsame Aufzucht sollte nur in den ersten Monaten erfolgen. Mit fortschreitendem Alter werden die Jungen immer aggressiver. Gerade bei der Fütterung sind die Tiere sehr ungestüm und beißen sich gegenseitig in die Zehen und Schwänze.

Futter: Gefressen werden alle üblichen Futtertiere wie Heuschrecken, Grillen, Schaben, junge Mäuse, Mehlwürmer und Zophobas. Jungtiere, die zögerlich ans Futter gehen, kann man mit Wachsraupen animieren.

Cophotis Peters, 1861
Ceylon-Taubagame

Eine monotypische Gattung, die für Sri Lanka endemisch ist. Der deutsche Name Taubagame weist auf das nicht sichtbare Trommelfell hin.

Cophotis ceylanica Peters, 1861

Verbreitung: Die Art ist nur in den Bergwäldern von Sri Lanka beheimatet.

Lebensraum: Es sind reine Baum- und Buschbewohner. Man kann sie auch in Hotelgärten antreffen. Sie sitzen dort hauptsächlich an den dünnen Stämmen der Sträucher (insbesondere der Rhododendronbüsche).

Größe: Mit einer Gesamtlänge von 150 mm sind beide Geschlechter ausgewachsen. Hierbei entfällt über die Hälfte auf den sehr beweglichen Greifschwanz.

Kennzeichen: Der Körper der Tiere ist mit großen, dachziegelartig übereinanderliegenden Schuppen bedeckt. Die Färbung besteht aus verschiedenen Brauntönen, mit einigen helleren Querbändern über dem Rücken und dem Schwanz. Ein weißer Streifen zieht sich von der Schnauzenspitze bis zu den Vorderbeinen. Der Nacken- und Rückenkamm der Tiere besteht aus vergrößerten Einzelschuppen und ist bei den Männchen stärker ausgebildet als bei den Weibchen.

Terrarium: Typ A. Für diese Art ist ein Aquaterrarium (Paludarium) sehr gut geeignet. Die Tiere können ausgezeichnet schwimmen. Eine dichte Bepflanzung und einige verzweigte Äste bilden die weitere Einrichtung. Die Tagestemperatur sollte 25 °C nicht überschreiten. Nachts kann sie unter 20 °C absinken. Die relative Luftfeuchtigkeit sollte über 75 % liegen. Häufiges Sprühen ist angebracht.

Haltung und Zucht: Entweder hält man die Art paarweise oder als Kleingruppe in einem größeren Terrarium. Innerhalb dieser Gruppe, die immer nur ein Männchen mit mehreren Weibchen umfassen darf, bildet sich nach kurzer Zeit eine Art Rangfolge heraus. Da die Art lebendgebärend ist, benötigen die Weibchen keinen speziellen Bodengrund für die Eiablage. Die 2 bis 8 Jungtiere sind bei der Geburt 4 cm groß.

Futter: Regenwürmer, Heimchen, Grillen, Wachsraupen und Mehlwürmer.

Coryphophylax Fitzinger, 1843

Es handelt sich um eine monotypische Gattung, die auf den Inselgruppen der Andamanen und Nikobaren beheimatet ist.

Coryphophylax subcristatus
(Blyth, 1860)

Verbreitung: Diese kleine Agamenart ist bisher nur von den Andamanen und Nikobaren bekannt geworden.

Lebensraum: Es handelt sich um einen typischen Bewohner der kleinen Restregenwälder dieser Inseln. Die Tiere leben dort auf dem Boden und in der unteren Vegetationsschicht sowie an den Baumstämmen.

Größe: Die Art ist mit einer Gesamtlänge von 37 cm ausgewachsen, wovon ca. 27 cm auf den Schwanz entfallen.

Kennzeichen: In ihrem Körperbau erinnert die Art stark an die Anolisarten der Karibik. Die Grundfärbung ist gelbgrün mit eingestreuten dunkelbraunen Flecken. Der Kehlbereich ist fast weiß, der Kopf kann leicht marmoriert sein. Nackensegel und ein kleiner Rük-

kenkamm sind vorhanden. Der Schwanz ist dunkelbraun mit einer hellen Querbänderung. Er kann leicht abbrechen, ist aber regenerierbar. Die Männchen haben einen gelb-rot-schwarz gemusterten Kehlsack.

Terrarium: Typ B. Das Regenwaldterrarium wird mit einigen verzweigten Ästen und einer dichten Bepflanzung ausgestattet. Die Tiere müssen das Gefühl der Sicherheit bekommen: Dies wird durch einige Versteckplätze ermöglicht. Ein Terrarium mit einem Volumen von 0,5 m^3 reicht für ein Pärchen völlig aus. Tägliches Sprühen ist sehr wichtig! Die Temperatur sollte am Tage bei 25 bis 30 °C liegen und in der Nacht auf 23 bis 25 °C sinken.

Haltung und Zucht: Die Art sollte nur paarweise gepflegt werden. Die eines Männchens mit mehreren Weibchen ist jedoch in größeren Terrarien möglich. Die Tiere sind das ganze Jahr über aktiv, sollten aber im Winter eine 3- bis 4monatige Ruhephase genießen. Hierbei wird das Licht kürzer geschaltet und die Temperatur auf 20 bis 22 °C begrenzt. Die Tiere paaren sich das ganze Jahr über, und die Weibchen legen – außer während der Ruhephase – alle 40 bis 45 Tage 2 Eier. Bei einer Zeitigungstemperatur von 26 bis 28 °C benötigen die Jungtiere 70 Tage bis zum Schlupf. Sie können gemeinsam aufgezogen werden, benötigen aber ein dicht bepflanztes Terrarium. Bei guter Fütterung sind die Tiere nach 9 Monaten geschlechtsreif.

Futter: Heimchen, Grillen, Wachsmotten und deren Raupen, Fliegen, Drosophila, Mehlwürmer und kleine Zophobas.

Ctenophorus Fitzinger, 1843

Die Gattung ist in Australien endemisch. Aufgrund der unterschiedlichen Lebensweisen einzelner Arten wurden die 22 Arten und 12 Unterarten dieser Gattung in 4 verschiedene Gruppen aufgeteilt.

△ *Cophotis ceylanica.* ▽ *Coryphophylax subcristatus.*

Ctenophorus cristatus.

Ctenophorus cristatus (Gray, 1841)

Verbreitung: Das Verbreitungsgebiet dieser Art umfaßt das südliche Westaustralien und das südwestliche Südaustralien.

Lebensraum: Es sind trockene bis halbtrockene Gebiete mit zum Teil lockerem Baumbestand. Dort sitzen die Agamen hauptsächlich an den Baumstämmen. In einigen Gebieten leben sie auch auf Felsen. Bei der geringsten Störung flüchten sie in hohle Äste oder tiefe Erdlöcher.

Größe: Mit einer Gesamtlänge von 37 cm sind die Männchen ausgewachsen, wobei der Schwanz mehr als doppelt so lang ist wie der Körper. Die Weibchen bleiben erheblich kleiner.

Kennzeichen: Typisch für diese Art ist der hell-dunkel gebänderte Schwanz. Auch an den Vorderbeinen befindet sich eine Querbänderung. Vom Nacken bis zum Schwanzansatz ziehen sich zwei Dorsolateralstreifen. Diese können auch in einzelne Flecken aufgelöst sein. Die Männchen haben eine kräftigere Zeichnung als die Weibchen.

Terrarium: Typen C und D. Das Terrarium kann mit einigen hochstehenden Steinen oder schrägstehenden Ästen bestückt sein. Ein Strahler bringt die Temperatur lokal auf 35 °C. Einmal am Tage, am besten morgens, wird das gesamte Terrarium überbraust. Für ein Pärchen sollte die Grundfläche des Behälters nicht unter 1,5 m^2 liegen. Der Sandboden wird an einer etwas versteckt liegenden Stelle ca. 20 cm hoch aufgeschüttet und nur dort leicht feucht gehalten. Einige Korkröhren sorgen für die nötigen Versteckplätze.

Haltung und Zucht: Es kommt nur eine paarweise Haltung in Frage. Die Tiere sind sehr schreckhaft, und man sollte sich dem Terrarium immer vorsichtig nähern. Bei ständigen Aktivitäten im Zimmer muß das Terrarium die erste Zeit verhängt/abgedeckt werden. Eine Winterruhe von 6 bis 8 Wochen bei Zimmertemperatur ist angebracht. Die Weibchen legen in der Natur von Oktober bis Januar ein Gelege aus 2 bis 5 Eiern ab. Je nach im Terrarium gegebenen Haltungsbedingungen kann sich die Paarungszeit verschieben.

Futter: Heimchen, Grillen, Heuschrecken, Schaben, Wachsmotten und deren Raupen, Fliegen und Zophobas. Vorsicht, es sind auch Echsenfresser!

Ctenophorus nuchalis (Gray, 1845)

Verbreitung: Das Verbreitungsgebiet reicht vom südwestlichen Queensland und westlichen Neusüdwales bis zur Küste Westaustraliens.

Lebensraum: Die Tiere leben auf sandigen Flächen, meistens in der Nähe eines hochgelegenen Aussichtspunktes (z. B. Termitenhügel oder Zaunpfähle). Tagsüber sitzen sie auf diesen erhöhten Aussichtsplattformen und beobachten die Umgebung. In der Nacht oder bei der geringsten Störung verstecken sie sich in ihren ca. 20 cm tief im Boden liegenden Höhlen, die immer im Umkreis von wenigen Quadratmetern um die Aussichtpunkte liegen. Meistens liegt das Eingangsloch unter einer Pflanze oder einer Wurzel.

Größe: Mit einer Gesamtlänge von ca. 27 cm sind die Männchen ausgewachsen. Die Weibchen bleiben deutlich kleiner als die Männchen.

Kennzeichen: Die deutsche Bezeichnung Netzagame gibt in etwa die Musterung des Oberkörpers wieder, wogegen die Unterseite meistens einfarbig hellgrau-orange erscheint. Diese Färbung ist dem roten, stark laterithaltigen Boden angepaßt.

Terrarium: Typen C und D. Für ein Pärchen wird ein Wüstenterrarium von ca. 1 m^3 eingerichtet. Der Boden besteht aus einem Lehm-Sand-Gemisch und sollte eine rötliche Farbe besitzen. Einige Wurzeln dienen als Aussichtspunkt und als Versteck. In einer Ecke wird das Bodensubstrat ca. 20 cm hoch aufgeschüttet und stets leicht feucht gehalten. Auf die Aussichtspunkte werden Strahler gerichtet, die lokal für Temperaturen von 35 °C sorgen.

Haltung und Zucht: Die Tiere leben in der Natur als Einzelgänger. Alle Tiere besetzen feste Reviere, die nur einige Meter auseinander liegen. In manchen Gebieten gibt es große Populationen. Nur während der Paarungszeit von Oktober bis Dezember kommen die Paare zusammen.

Das Weibchen vergräbt die 2 bis 6 weichschaligen Eier im feuchten Sand. Ihre Überführung in einen Brutapparat ist sinnvoll. Je nach Zeitigungstemperatur benötigen die Jungtiere ca. 55 bis 90 Tage bis zum Schlupf. Eine frühzeitige Trennung der Jungen ist sinnvoll, da sich schon sehr früh eine Rangordnung bildet. Wichtig ist eine ausreichende Versorgung mit Vitaminen und Mineralstoffen. Sobald ein Jungtier Anzeichen von Rachitis zeigt, sollte es Multimulsin oder ein ähnliches Präparat erhalten.

Futter: Es werden alle üblichen Futtertiere gefressen. Darüber hinaus fressen die Tiere auch allerlei Pflanzen, Blüten und Obst.

Draco Linnaeus, 1758
Flugdrachen

Bisher sind nur wenige erfolgreiche Haltungs- und Zuchtberichte bekannt. Zu den wenigen Terrarianern, denen bisher eine erfolgreiche Zucht gelungen ist, gehört das Ehepaar MÄGDEFRAU. Bei der Art *D. spilopterus* wurde schon eine F$_2$-Generation großgezogen. Darüber hinaus gelang Ihnen die Zucht von *D. v. sumatranus* und *D. obscurus.* Als wesentliche Gründe für ihren Erfolg sehen sie die Einhaltung des Temperaturbereiches von 25 bis 32 °C, regelmäßiges Tränken und Sprühen sowie eine ausreichende Versorgung mit Vitaminen und Mineralien.

Die Unterscheidung der ca. 20 Arten und zahlreichen Unterarten ist bei einigen Arten sehr schwierig. Der deutsche Name „Flugdrachen" gibt in etwa eine wesentliche Eigenschaft dieser Tiere wieder. Sie können zwar nicht fliegen, sind aber in der Lage, über größere Entfernung von einem Baum zum anderen zu gleiten. Ermöglicht wird dieses durch beidseitig des Körpers angeordnete Hautlappen, die von beweglichen Rippen gestützt werden. Während des Absprungs werden sie wie Flügel ausgebreitet, und die Tiere segeln im Gleitflug zum nächsten Baum. Dann laufen sie sofort wieder nach oben, um eine bessere Ausgangshöhe für den Segelflug zu gewinnen. Treffen sich zwei Männchen an einem Baum, so beginnen sie sofort mit Drohgebärden. Hierbei wird der Körper seitlich abgeflacht und der bunte Kehlsack sowie zwei seitliche Hautlappen am Hals in schnellem Rhythmus ein- und ausgeklappt. Dieses wird durch ruckartiges Kopfnicken noch unterstützt. Die Farbenpracht der Tiere bemerkt man erst, wenn sie ihre Hautfalten ausgebreitet haben, da diese häufig auffallend bunt gefärbt sind.

Draco melanopogon Boulenger, 1887

Verbreitung: In Thailand und Malaysia sowie auf Sumatra, Borneo und einigen vorgelagerten Inseln ist diese Art recht häufig anzutreffen.

Lebensraum: Man findet die Tiere in offenen Waldgebieten, zum Beispiel in Kautschukplantagen, aber auch im tiefsten Regenwald.

Größe: Mit einer Gesamtlänge von 22 cm sind die Flugdrachen ausgewachsen. Die Weibchen werden in der Regel etwas größer als die Männchen.

Kennzeichen: Die Grundfärbung ist grün in verschiedenen Abstufungen. Dazwischen zeigen sich dunkelbraune bis schwarze Punkte und Flecken. Die Flughaut ist schwarz mit vielen kleinen gelben Punkten, der Kehlsack nur schwarz.

Terrarium: Typ B. Die Tiere benötigen sehr viel Raum. Ein Volumen von 1 m^3 ist die unterste Grenze. Senkrechte mindestens armdicke Äste müssen vorhanden sein. Dazwischen sollte noch soviel Platz verbleiben, daß die Tiere gleiten können. Eine Bepflanzung kann eingebracht werden, sollte aber noch genügend Freiraum lassen.

Haltung und Zucht: Die Haltung eines Männchens mit mehreren Weibchen gestaltet sich problemlos, wenn die Tiere die Möglichkeit haben, sich nicht ständig sehen zu müssen. Die Weibchen legen ihre weichschaligen Eier, in der Regel 2 Stück, in den feuchten Boden. Bei uns wurden die Eier auch in einer bepflanzten Korkröhre in 1 m Höhe abgelegt. Die Jungtiere schlüpfen im Terrarium nach etwa 80 Tagen.

Futter: In der Natur ernähren sich die Tiere hauptsächlich von Ameisen. Gefressen werden aber auch Heimchen, Wachsraupen und Drosophila.

Draco volans Linnaeus, 1758

Verbreitung: Die Art kommt in Thailand und Malaysia, nebst einigen vorgelagerten Inseln, sowie auf Sumatra und Borneo vor.

Lebensraum: Die Agamen bewohnen den gleichen Lebensraum wie *D. melanopogon,* auf der Insel Lankawi zum Beispiel den Regenwald, doch kommt diese Art auch in den angelegten Hotelgärten vor.

△ *Ctenophorus nuchalis.*　　　　▽ *Draco volans.*　　　　▷ *Draco melanopogon.*

Größe: Die meisten Tiere bleiben unter 20 cm Gesamtlänge. Auch bei dieser Art sind die Weibchen etwas größer.

Kennzeichen: Die Grundfärbung ist hellbeige bis hellbraun mit dunklen Flecken auf dem Rücken. Die Flughaut ist schwarz mit hellbeige und braunen Flecken und Strichen, die Kehlhaut gelb.

Terrarium: Typ B. Das Terrarium kann wie bei der vorherigen Art angegeben, eingerichtet werden.

Haltung und Zucht: Die Haltung eines Männchens mit mehreren Weibchen bereitet keine Probleme. Die Männchen sind sehr aggressiv untereinander, manchmal auch gegenüber den Weibchen. Die Weibchen vergraben ihre 2 bis 3 Eier im feuchten Boden. Bei einer Inkubationstemperatur von tagsüber 25 bis 26 °C – bei einer Nachtabsenkung auf 20 bis 22 °C – benötigten die Jungtiere 67 bis 68 Tage bis zum Schlupf (PETZOLD, 1974).

Futter: In der Natur ernähren sich die Tiere hauptsächlich von Ameisen. Gefressen werden auch Heimchen, Wachsraupen und Drosophila.

Gonocephalus Kaup, 1825
Echte Winkelkopfagame

Eine sehr gute Übersicht über die gesamte Gattung gibt Manthey & Denzer, 1991 f. Die Abgrenzung zu den im gleichen Verbreitungsgebiet lebenden Agamen wird durch folgende Merkmale deutlich: keine Stacheln im Nackenbereich, keine Schnauzenfortsätze, keine spreizbaren Hautmembranen mit extrem verlängerten Rippen an den Flanken, kein Greifschwanz, ausgeprägte Schulterfalte und sichtbares Tympanum. Es sind bisher 16 Arten bekannt, deren Verbreitung von Malaysia und Thailand (südlich des Isthmus von Kra) über Sumatra, Java und Borneo bis zu den Philippinen sowie einer Reihe kleinerer Inseln im Sunda-Archipel reicht. Es sind überwiegend Regenwaldbewohner, die in den meisten Fällen in der Nähe von Bachläufen gefunden wurden. Die Tiere trinken nur fließendes oder tropfendes Wasser.

Gonocephalus bellii
(Duméril & Bibron, 1837)

Verbreitung: Diese Art findet man auf der Halbinsel Thailand/Malaysia und der Insel Penang.

Lebensraum: Es sind Regenwaldbewohner, die nicht nur in unmittelbarer Nähe von Bächen gefunden werden. Sie sitzen überwiegend an den Stämmen der Bäume.

Größe: Mit einer Gesamtlänge von 47 cm sind die meisten Männchen ausgewachsen, hierbei entfällt über die Hälfte auf den Schwanz. Die Weibchen bleiben deutlich kleiner.

Kennzeichen: Beide Geschlechter besitzen einen Nacken- und Rückenkamm, der bei den Männchen etwas höher ist als bei den Weibchen. Die Färbung ist teilweise populationsabhängig. Die Männchen können eine gelbliche bis grünliche Rückenfärbung mit einer Netzmusterung besitzen. Die Weibchen sind grau bis rotbraun gefärbt. Der Kehlsack der Männchen ist dunkelblau bis lila oder dunkelblau mit rosa Flecken, jene der Weibchen immer dunkelblau mit rosa Flecken. Die Augen der Männchen sind blau, die der Weibchen braun.

Terrarium: Typ B. Die Größe des Terrariums sollte 1 m³ nicht unterschreiten. Es kommt nur ein Regenwaldterrarium mit einigen armdicken, senkrecht stehenden Ästen in Betracht. Eine etwas dichtere Bepflanzung kann an einigen Stellen im Terrarium vorhanden sein. Die Temperaturen sollten am Tage zwischen 28 und 30 °C liegen und können in der Nacht auf 20 °C absinken. Eine Sprüh- oder Nebelanlage hält die relative Luftfeuchtigkeit zwischen 75 und 95 %. Ein Wasserlauf oder ein Zimmerspringbrunnen sollte vorhanden sein.

Haltung und Zucht: Die Art kann paarweise gepflegt werden. Die Männchen zeigen ein intensives Balzverhalten. Wenn es zur Paarung kommt, wird das Weibchen durch einen Paarungsbiß in den Nackenkamm festgehalten. Im Abstand von 2 bis 3 Monaten legen die Weibchen 3 bis 5 Eier. Diese werden in einer selbstgegrabenen Mulde in der feuchten Erde vergraben, anschließend wird das Loch wieder zugescharrt. Bei einer Zeitigungstemperatur von durchschnittlich 20,5 °C benötigten die Eier 212 bis 219 Tage, bei durchschnittlich 20 bis 25 °C nur noch 136 Tage. Sie sollten in einen Inkubator überführt werden und in feuchtem Vermiculite oder Perlite gezeitigt werden. Die frisch geschlüpften Jungtiere weisen eine Größe von 75 bis 84 mm auf.

Futter: Diese Art ernährt sich von den verschiedensten Wirbellosen, wie zum Beispiel Grillen und Heimchen, Heuschrecken, Wachsmotten und deren Raupen, Schaben, Zophobas und Mehlwürmern.

Gonocephalus chamaeleontinus
(Laurenti, 1768)

Verbreitung: Diese Art kommt auf Java und Sumatra sowie einigen vorgelagerten Inseln vor. Darüber hinaus findet man diese Agamen noch auf der Insel Tioman an der Ostküste Malaysias.

Lebensraum: Es sind reine Regenwaldbewohner, die von Meereshöhe bis 1 500 m NN vorkommen. Sie sitzen überwiegend am unteren Stammbereich der Bäume.

Größe: Die Größe der Tiere variiert auf den verschiedenen Inseln. Die Gesamtlänge der Männchen reicht von 32 bis zu 45 cm, wobei die Weibchen immer darunter bleiben.

Kennzeichen: Die Grundfärbung ist grün in verschiedenen Abstufungen. Den Oberkörper überzieht ein Netzmuster aus dunklen Strichen und hellen Flecken. Der Schwanz ist hell- und dunkelgrün gebändert. Jungtiere sind grün mit hell- bis gelbgrünen Punkten. Beide Geschlechter haben einen Nackenkamm, der bei den Weibchen etwas niedriger ist. Der Kehlsack der Männchen ist größer als jener der Weibchen. Die Tiere können sich auch sehr stark abdunkeln.

Terrarium: Typ B. Das Terrarium kann wie bei der vorherigen Art eingerichtet sein. Die Tiere sitzen auch sehr gerne auf waagerecht eingebrachten Ästen. Der Bodengrund sollte aus Wald- oder Blumenerde bestehen und an einigen Stellen eine Höhe von mindestens 10 cm aufweisen.

Haltung und Zucht: Es kommt nur eine paarweise Haltung in Frage. Die Geschlechter sitzen einzeln an Bäumen, aber in unmittelbarer Nähe zueinander. Im Terrarium kann man beobachten, daß sich auch die Weibchen androhen. Die Tiere paaren sich das ganze Jahr über: Hierbei wird das Weibchen durch einen Nackenbiß vom Männchen gehalten. Der Paarung geht ein längeres Werbeverhalten des Männchens, mit Kopfnicken, Aufblähen des Kehlsacks und seitlichem Abflachen des Körpers voraus. Es findet eine Verfolgung des Weibchens durch das Männchen statt. Ist dieses zur Paarung bereit, bleibt es sitzen und läßt sich vom Männchen besteigen. Die Weibchen vergraben ihre 3 bis 7 Eier im feuchten Boden. Bei uns wurden von einem Weibchen immer nur 1 bis 3 Eier abgelegt. Die Eizahl erhöht sich mit zunehmendem Alter der Tiere. Die Eier werden in einer selbstgegrabenen Grube abgelegt, und der Boden wird nach dem Zuscharren des Geleges

Gonocephalus bellii.

Gonocephalus chamaeleontinus.

mit dem Kopf fest angestampft. Eine Überführung der Eier in einen Brutapparat ist sinnvoll. Bei einer Zeitigungstemperatur von 28 °C benötigen die Jungtiere bis zum Schlupf 72 bis 80 Tage. Nachdem die Jungtiere die Eihülle durchstoßen haben und die Nasenspitze zu sehen ist, verharren die Tiere noch einige Stunden in dieser Stellung. Selbst bei Eiern, die wir geöffnet haben, blieb das Jungtier in seiner embryonalen Stellung liegen. Erst nach einigen Minuten streckte es sich und ist sofort aktiv. Die Aufzucht der Jungtiere kann gruppenweise in kleinen Regenwaldterrarien erfolgen. Nach 2 Tagen wurden die ersten kleinen Heimchen gefressen. Die Geschlechtsreife tritt etwa nach drei Jahren ein.

Futter: Grillen und Heimchen, Heuschrecken, Schaben, Zophobas, Wachsraupen, Regenwürmer und nackte Mäuse.

Gonocephalus grandis (Gray, 1845)

Verbreitung: Die Tiere leben auf der Halbinsel Thailand/Malaysia sowie auf den Inseln Tioman, Penang, Borneo, Sumatra nebst einigen vorgelagerten Inseln.

Lebensraum: Es sind reine Regenwaldbewohner, die nur in der unmittelbaren Nähe von Fließgewässern vorkommen. Hier leben sie sowohl an den Bäumen als auch an Felsen.

Größe: Es handelt sich um eine recht große Art, bei der die Männchen eine Gesamtlänge von ca. 55 cm erreichen können. Die Weibchen bleiben etwas kleiner.

Kennzeichen: Die Weibchen besitzen eine völlig abweichende Färbung: Hier überwiegen hauptsächlich die Brauntöne. Sie weisen auch nur einen kleinen Nacken- und keinen Rückenkamm auf. Auf dem Rücken ist eine unterschiedlich starke Querbänderung zu erkennen. Die

Seiten zieren helle Flecken. Die Extremitäten beider Geschlechter sind gestreift.

Terrarium: Typ A. Es kommt nur ein großes Regenwaldterrarium bzw. Paludarium in Frage. Ein Wasserlauf und ein größeres Wasserbecken sind Grundvoraussetzungen. Senkrechte und waagerechte, mindestens armdicke Äste müssen vorhanden sein. Eine stellenweise dichte Bepflanzung ist angebracht. An einer geschützten Stelle sollte der Bodengrund (Blumenerde) ca. 15 cm hoch und leicht feucht sein.

Haltung und Zucht: Es kommt nur eine paarweise Haltung in Frage. Die Tiere sind in der ersten Zeit sehr aggressiv und können kräftig zubeißen. Auch gegenüber anderen gleichgroßen Echsen kann es zu Beißereien kommen. Eine Vergesellschaftung mit anderen Reptilien ist nicht anzuraten. Die relativ kurze Paarung wird mit Kopfnicken und gespreiztem Kehlsack des Männchens eingeleitet. Bei der Kopulation wird das Weibchen mit einem Nackenbiß gehalten. Es vergräbt 3 bis 4 (selten mehr) weichschalige Eier im feuchten Bodengrund. Hierfür wird es wahrscheinlich die am besten geschützte Stelle des Terrariums aufsuchen. Die besten Erfolge bei der Zeitigung der Eier wurden erzielt, wenn die Gelege im Behälter belassen wurden. Die Temperatur lag in diesem Falle bei 19 bis 22 °C, und die Jungtiere benötigten 75 bis 90 Tage bis zum Schlupf. Sie hatten eine Gesamtlänge von max. 100 mm. Nach 3 bis 4 Tagen gingen einige der Jungen ans Futter und entwickelten sich normal, während andere das Futter verweigerten und eingingen. Nach 20 Monaten waren die Weibchen bereits geschlechtsreif.

Futter: Grillen und Heimchen, Heuschrecken, Zophobas, Wachsmotten und deren Raupen, Regenwürmer. Es werden auch nackte Mäuse, Jungvögel und Eier gefressen.

Gonocephalus liogaster (Günther, 1872)

Verbreitung: Die Tiere leben auf der Halbinsel Malaysia, den Inseln Borneo und Sumatra sowie dem Natuna-Archipel.

Lebensraum: Es sind überwiegend Regenwaldbewohner, die aber auch in der Übergangszone zu Sekundärwaldgebieten gefunden wurden. Sie bevorzugen die Stämme dicker Bäume.

Größe: Mit einer Gesamtlänge von 45 cm sind die Männchen meistens ausgewachsen. Die Weibchen bleiben kleiner.

Kennzeichen: Beide Geschlechter haben einen Kamm, der sich vom Nacken bis zum Schwanzansatz hinzieht und bei den Männchen deutlich größer ist. Die Färbung wird von bräunlichen, grünlichen und rötlichen Tönen (gelegentlich mit dunklem Netzmuster) gebildet.

Lebensraum: Es sind Regenwaldbewohner, die immer in der unmittelbaren Nähe von Bächen gefunden werden. Sie sitzen meist an Bäumen oder Felsen direkt am Wasser.

Größe: Die Männchen können eine Gesamtlänge von über 55 cm erreichen, wovon über zwei Drittel auf den Schwanz entfallen. Die Weibchen bleiben immer kleiner als die Männchen.

Kennzeichen: Je nach Verbreitungsgebiet und Erregungszustand sind die Männchen etwas unterschiedlich in der Färbung. Es kommen verschiedene Grüntöne vor, die unterschiedlich stark abgedunkelt werden können. Die Männchen besitzen einen hohen Nackenkamm, der zum Rückenkamm hin unterbrochen ist. Die Höhe der Kämme variiert sehr stark und ist dabei nicht populationsabhängig. Die Flanken sind meistens blau, mit gelb-rosafarbenen Flecken. Das gleiche Farbmuster tritt meistens auch am Kehlsack auf. Die Augen der Männchen sind blau, jene der Weibchen können blau oder braun gefärbt sein. Das Farbkleid der Weibchen ist sehr variabel und reicht von graubraun bis grüngelb. Sie weisen zudem eine kontrastreichere Musterung auf.

Terrarium: Typ B. Die Einrichtung kann wie bei *G. bellii* vorgenommen werden (s. dort).

Haltung und Zucht: Diese Art sollte paarweise gepflegt werden. Die Paarung scheint sich im Anschluß an eine kurze Verfolgungsjagd des Männchens nach dem Weibchen zu vollziehen (MANTHEY & DENZER, 1992). Hierbei wird vom Männchen ein Nackenbiß ausgeführt. Zur Eiablage gräbt das Weibchen ein 4 cm tiefes und 6 cm breites, rundliches Loch. Es werden 3 Eier abgelegt, deren Größe bei 23×11 mm liegt. Sie sollten in einem Inkubator gezeitigt werden. Bei einer Temperatur von 20 bis 24 °C benötigen die Jungtiere bis zum Schlupf 97 Tage.

Futter: Diese Art ernährt sich von den verschiedensten Wirbellosen, wie zum Beispiel Grillen und Heimchen, Heuschrecken, Wachsmotten und deren Raupen, Schaben, Zophobas und Mehlwürmern.

Harpesaurus Boulenger, 1885

Es handelt sich hierbei um vier Arten, die ähnlich wie die Vertreter der Gattung *Ceratophora* mit unterschiedlich geformten Schnauzenfortsätzen ausgestattet sind.

Harpesaurus beccarii Doria, 1888

Verbreitung: Als Verbreitungsgebiet wird Westsumatra angegeben. Man hat die Art in der Nähe von Padang gefunden.

Lebensraum: Vermutlich kommen die Tiere in den Bergregenwäldern auf Höhenlagen um 1500 m vor.

◁ *Gonocephalus grandis*, Weibchen.   △ *G. grandis*, Männchen.   ▽ *Gonocephalus liogaster*.

Größe: Mit einer Gesamtlänge von 205 bis 250 mm scheinen die Tiere ausgewachsen zu sein.

Kennzeichen: Die Grundfärbung ist ein einfarbiges Grün. Unter dem Auge beginnt ein weißer Streifen, der sich bis zu den Vorderbeinen hinzieht. Ein zweiter Streifen setzt hinter den Vorderbeinen an. Auf der Nase tragen die Tiere ein doppeltes Horn von ca. 8 bis 10 mm Länge. Dieses scheint nicht geschlechtsspezifisch zu sein. Die Echsen besitzen einen kurzen Nackenkamm, der zum wesentlich größeren Rückenkamm hin unterbrochen ist. Auf dem ersten Drittel des Schwanzes befindet sich ein weiterer Kamm, der aber nicht mit dem Rückenkamm verbunden ist.

Terrarium: Typ B. Die Tiere sollten in einem Regenwaldterrarium gepflegt werden. Seine Einrichtung sollte der der Gattung *Ceratophora* angegebenen entsprechen. Da diese Art ebenfalls aus dem Hochland kommt, ist ein Temperaturbereich bis ca. 25 °C ausreichend. In der Nacht erscheint eine Abkühlung auf ca. 20 °C sinnvoll.

Haltung und Zucht: Es liegen keine Daten über eine lange Haltung oder Zuchterfolge vor. Es ist sicher angebracht, die Art so wie die Hornagamen aus Sri Lanka zu pflegen. Die Tiere bewegen sich so langsam wie Chamäleons. Sie suchen ihr Futter am Boden, springen es aber auch aus dem Gezweig heraus an. Fliegende und kletternde Insekten werden mit vorgeschobener Zunge gepackt.

Futter: Es werden die üblichen Futtertiere angenommen.

Hydrosaurus Kaup, 1827
Segelechsen

Die Abgrenzung der einzelnen Arten ist sehr schwierig. Eine eindeutige Einstufung ist nur nach dem Verbreitungsgebiet möglich. Wenn man Tiere im Handel erwirbt, muß man darauf achten, daß sie aus einem Gebiet stammen.

Der deutsche Name Segelechse weist auf ein Hautsegel über der oberen Schwanzhälfte hin. Alle Arten leben ausschließlich in der Nähe von niemals austrocknenden Gewässern. Sie können ausgezeichnet schwimmen und tauchen. Nur wer über den nötigen Platz verfügt, sollte sich mit dieser Gattung beschäftigen. Die Wildfänge sind am Anfang sehr scheu und können sich an den Scheiben die Schnauze verletzen. Abhilfe schafft ein zeitweises Zuhängen des Terrariums.

Hydrosaurus pustulatus
(Eschscholtz, 1829)

Verbreitung: Das Verbreitungsgebiet liegt auf den Philippinen, wobei ein Nachweis für die westlichen Inseln (Palawan und einige kleinere vorgelagerte Inseln) noch fehlt.

Lebensraum: Es sind Gewässer, die das ganze Jahr über Wasser führen und den Tieren die Möglichkeit bieten, abzutauchen und am Bodengrund sich zu verstecken. Dies können Bäche, Flüsse und Seen sein, die eine stark bewachsene Uferböschung aufweisen. Die Temperaturen liegen im Durchschnitt bei 27 °C und steigen teilweise auf über 30 °C an. Die relative Luftfeuchtigkeit liegt im Mittel bei 80 %.

Größe: Mit einer Gesamtlänge von ca. 100 cm sind die Tiere ausgewachsen.

Kennzeichen: Die Oberseite ist grüngelb mit sehr vielen Brauntönen, die Unterseite etwas heller gefärbt. Einige hellere Querstreifen können vorhanden sein. Die Tiere besitzen einen Nacken- und Rückenkamm. Das Hautsegel auf dem Schwanz ist bei ausgewachsenen Männchen erheblich größer als bei den Weibchen. Eine eindeutige artspezifische Beschreibung ist nicht möglich, da die verschiedenen Spezies einander sehr

106

ähneln. Es ist also sehr wichtig zu wissen, aus welchem Verbreitungsgebiet die Tiere stammen.

Terrarium: Typ A. Es kommt nur ein geräumiges Terrarium mit einem großen Wasserteil in Frage. Bis auf die Frontscheibe sollten alle anderen Terrarienwände verkleidet werden. Das Wasserbecken muß so tief sein, daß die Tiere komplett darin abtauchen können. Es sollte leicht zu reinigen sein, da die Echsen das Wasser sehr stark verschmutzen. Ein leistungsstarker Teichfilter bringt einigen Erfolg. Mindestens armdicke Äste müssen auch über dem Wasser angebracht werden. Auf eine Bepflanzung kann verzichtet werden, da die Tiere die Pflanzen nur fressen und beschädigen würden. Einmal täglich wird das Terrarium überbraust, hier ist eine Regenanlage angebracht.

Haltung und Zucht: Die Haltung eines Männchens mit mehreren Weibchen ist möglich. Auch in der Natur leben die Tiere in kleinen Gruppen zusammen, wobei die Männchen aber ein größeres Revier beanspruchen. Die Echsen vermehren sich das ganze Jahr über, wobei die Hauptfortpflanzungszeit unserem Frühjahr entspricht. Zwei Tage vor der Eiablage nimmt das Weibchen keine Nahrung mehr auf. Die Eier werden in den feuchten Sand abgelegt. Ein Gelege kann aus 4 bis 10 Eiern bestehen. Bei einer Zeitigungstemperatur von 28,5 bis 31 °C benötigen die Jungtiere etwa 70 Tage bis zum Schlupf. Bei niedrigeren Temperaturen dauert die Zeitigung sogar über 100 Tage. Die Jungen haben eine Größe von 210 bis 240 mm. Für ein problemloses Heranwachsen ist eine ausgewogene, vitaminreiche Nahrung mit reichlichen Kalkbeigaben sehr wichtig.

Futter: Die Tiere ernähren sich überwiegend von pflanzlicher Kost, aber es werden auch alle üblichen Futterinsekten gefressen.

Hypsilurus Peters, 1867
Neuseeländisch-australische Winkelkopfagame

Das Verbreitungsgebiet dieser Gattung beschränkt sich auf Neuguinea mit einigen vorgelagerten Inseln, Mikronesien, Melanesien und die nordöstlichen und östlichen Regenwaldgebiete Australiens. Die Gattung ist äußerlich nicht von der Gattung *Gonocephalus* zu unterscheiden. Alle Arten besitzen Nakken- und Rückenkämme und ein sichtbares Trommelfell.

Hypsilurus boydii (Macleay, 1884)

Verbreitung: Diese Art ist für Australien endemisch. Sie bewohnt den Nordosten von Queensland.

Lebensraum: Die Tiere leben in den nordöstlichen Regenwäldern Australiens. Sie sitzen im unteren Stammbereich oder am Boden in unmittelbarer Nähe der Bäume.

ZOBEL (mündl. Mitt.) fand die Tiere am Boden sitzend in unmittelbarer Nähe eines Flusses. Sie flüchteten nur auf dem Boden.

Größe: Mit einer Gesamtlänge von ca. 45 cm sind die Männchen ausgewachsen, die Weibchen bleiben meist geringfügig kleiner.

Kennzeichen: Die Grundfärbung reicht von grau bis rotbraun. Die Tiere besitzen große Stachelschuppen an der Kante des Kehlsackes und vergrößerte Plattenschuppen an der unteren Kieferkante. Ein großer Nacken und Rückenkamm sind vorhanden.

Einige dunkle Querstreifen ziehen sich über den Rücken. Der Schwanz ist dunkel gebändert.

Terrarium: Typen A und B. Leider liegen bisher keine Haltungsberichte von dieser Art vor. Das Terrarium sollte ihrem Lebensraum entsprechend eingerichtet sein.

◁ *Harpesaurus beccarii.*　　　△ *Hydrosaurus pustulatus.*　　　▽ *Hypsilurus boydii.*

Hypsilurus dilophus
(Duméril & Bibron)

Verbreitung: Diese Art kommt auf Neuguinea und einigen vorgelagerten Inseln vor.

Lebensraum: Es sind Regenwaldbewohner, die in der Nähe von Gewässern leben. Auch diese Tiere sollen sich überwiegend an den Stämmen der Bäume aufhalten. Bei Gefahr sind die Tiere in der Lage, auf den Hinterbeinen laufend zu flüchten.

Größe: Die Männchen erreichen eine Gesamtlänge von 58 cm. Die Weibchen bleiben wesentlich kleiner.

Kennzeichen: Die Tiere variieren von dunkelbraun bis gelbgrün. Der Körper ist mit unterschiedlich großen hellen Kegelschuppen übersät. Diese können auf dem Körper eine Art Querbänderung bilden. Beide Geschlechter besitzen einen Kehlsack, der unter dem Kinn mit größeren Kammschuppen besetzt ist. Im Nacken befindet sich ein mehrere Zentimeter hoher Kamm aus lanzenförmigen dreieckigen Schuppen. Ein Rückenkamm zieht sich über die erste Hälfte des Schwanzes. Die Männchen erkennt man an den verdickten Hemipenistaschen.

Terrarium: Typen A und B. Für ein Pärchen sollte ein Regenwaldterrarium mit einem Volumen nicht unter 2 m³ zu Verfügung stehen. Ein größeres Wasserbecken muß vorhanden sein. Die weitere Einrichtung wird aus mindestens armdicken Ästen, die sowohl senkrecht als auch waagerecht in den Behälter eingebracht werden und einer üppigen Bepflanzung im oberen Bereich gebildet. Der Temperaturbereich liegt bei 25 bis 30 °C, die relative Luftfeuchtigkeit bei 75 bis 95 %.

Haltung und Zucht: Über eine längere Haltung liegen bisher keine Beobachtungen vor. Die Weibchen legen in der Zeit zwischen November und Januar zwei Eier ab. Diese werden im feuchten Boden vergraben.

Futter: Heuschrecken, Grillen und Heimchen, Schaben, Zophobas und nestjunge Mäuse.

Japalura Gray, 1853
Bergagamen

Bisher weiß man sehr wenig über diese Gattung. Es sind überwiegend Hochlandagamen, die in der Himalaja-Region bis in Höhenlagen von 3 000 m und mehr gefunden wurden. Einige Arten benötigen eine längere Winterruhe. Die Gattung ist unbedingt revisionsbedürftig.

Japalura splendida
Barbour & Dunn, 1919

Verbreitung: Die Art ist aus dem Westen von China bekannt.

Lebensraum: Es handelt sich hierbei wahrscheinlich um eine Hochlandform, die sich bei uns im Terrarium hauptsächlich an Ästen aufgehalten hat. Es ist anzunehmen, daß die Tiere auf Bäumen oder Büschen leben.

Größe: Mit einer Gesamtlänge von ca. 30 cm sind die Männchen ausgewachsen. Die Weibchen bleiben etwas darunter.

Kennzeichen: Die Grundfärbung besteht aus unterschiedlichen Grüntönen. Die Tiere sind in der Lage, ihre Färbung stark aufzuhellen oder abzudunkeln. Ein gelb bis grün gefärbter Dorsolateralstreifen zieht sich vom Nacken bis zum Schwanzansatz. Ein fast weißer Oberlippenstrich ist mehr oder weniger deutlich ausgeprägt. Die Flanken sind dunkelbraun bis fast schwarz. Die Tiere besitzen einen gut ausgebildeten Nacken- und einen kleinen Rückenkamm.

Terrarium: Typ B. Für ein Paar reicht ein Terrarium von L 50 × T 40 × H 40 cm aus. Eine teilweise dichte Bepflanzung bringt zusätzliche Versteckmöglichkeiten. Verzweigte Äste werden von den Tieren gerne aufgesucht.

Haltung und Zucht: Bisher liegen nur wenige Haltungserfahrungen vor. Die Tiere werden in einem bepflanzten Terrarium gepflegt. Die relative Luftfeuchtigkeit liegt bei ca. 75 % bei einer Temperatur von 25 bis 28 °C am Tage. In der Nacht geht die Temperatur auf ca. 20 °C zurück. Paarungsaktivitäten wurden bisher noch nicht beobachtet. Wahrscheinlich ist eine Winterruhe für die Paarung notwendig. Ein trächtiges Weibchen legte 8 Eier ab. Diese wurden im feuchten Bodengrund vergraben.

Futter: Grillen und Heimchen, Wachsraupen, Zophobas und Regenwürmer, wobei Wachsraupen eindeutig bevorzugt wurden.

Laudakia Gray, 1845
Wirtelschwanzagamen

Der Gattungsname *Laudakia* steht für die Wirtelschwanzagamen aus Südosteuropa und Asien, einer formenreichen Gruppe mit ca. 22 Arten und 11 Subspezies.

Laudakia caucasia (Eichwald, 1831)
Kaukasus-Agame

Verbreitung: Das Verbreitungsgebiet dieser Art erstreckt sich vom östlichen Kaukasusgebiet über die nördliche Türkei, Irak, Iran, Afghanistan und Pakistan bis zum südlichen Mittelasien.

Lebensraum: Die Tiere leben an Felsen und Geröllhängen bis in Höhenlagen von 3400 m. In einigen Gebieten findet man die Art ausschließlich in höheren Gebirgslagen. Ihre Versteckplätze liegen in tiefen Gesteinsspalten, wo sie auch überwintern.

Größe: Mit einer Gesamtlänge von ca. 35 cm sind die Tiere ausgewachsen. Die Männchen sind etwas größer als die Weibchen und an den Präanalporen

sowie an einem hellen Bauchfleck leicht zu erkennen.

Kennzeichen: Je nach Verbreitungsgebiet variieren die Tiere etwas in ihrer Färbung. Die Grundfarbe ist meistens sandfarben bis steingrau. Eine feine Sprenkelung mit einigen eingestreuten größeren Flecken kann vorhanden sein. Der Schwanz ist an den Wirteln mit relativ schwach ausgeprägten Dornen besetzt. Die Rückenschuppen sind ziemlich einheitlich.

Terrarium: Typ C. Da diese Agamen in der Natur nur zwischen Felsen leben, muß das Terrarium entsprechend eingerichtet sein. Eine Terrariengröße von 1,5 m³ cm ist für 3 bis 4 Tiere ausreichend. Die Temperatur sollte im Sommer am Tage bei 28 bis 30 °C liegen und nachts auf unter 20 °C zurückgehen. Einige Strahler sollten die Temperatur um die Mittagszeit lokal auf 45 °C aufheizen. Insgesamt benötigt auch diese Art eine hervorragende Beleuchtung. Der Bodengrund kann aus Sand bestehen, wobei eine Stelle ca. 20 cm hoch aufgeschüttet wird. Dort wird der Sand leicht feucht gehalten.

Haltung und Zucht: Da die Tiere in der Natur in kleinen Gruppen aus einem Männchen und mehreren Weibchen leben, sollte man sie auch im Terrarium gemeinsam pflegen. Mehrere Männchen vertragen sich nicht. Die Tiere benötigen eine 6- bis 8wöchige Winterruhe bei Temperaturen um 8 bis 10 °C. Danach beginnen sie mit den Fortpflanzungsaktivitäten. Die Weibchen vergraben ihre weichschaligen Eier in ca. 25 cm tiefen selbstgegrabenen Höhlen. Die Anzahl der Eier (2 bis 14) scheint je nach Verbreitungsgebiet zu variieren. Bei Zeitigungstemperaturen von 28 bis 34 °C am Tage und 25 bis 26 °C in der Nacht benötigen die Jungtiere 63 bis 72 Tage bis zum Schlupf. Ihre Aufzucht ist nicht einfach. Auch benötigen sie eine gute Beleuchtung.

△ *Hypsilurus dilophus.* ▽ *Japalura splendia.*

Laudakia stellio.

Futter: Es werden alle bekannten Futtertiere, aber auch pflanzliche Nahrung gefressen.

Laudakia stellio daani (Linnaeus, 1758)

Verbreitung: Diese Unterart besitzt ein großes Verbreitungsgebiet, das grob gesagt etwa vom Ägäischen Meer über Kleinasien bis nach Israel reicht.

Lebensraum: Bevorzugtes Habitat sind Felsen, Legsteinmauern oder alte Bauwerke. Darüber hinaus findet man die Tiere in einigen Gebieten auch an Bäumen.

Größe: Mit einer Gesamtlänge von 40 cm sind die Tiere ausgewachsen. Hierbei macht der Schwanz mehr als die Hälfte aus.

Kennzeichen: Es ist eine sehr kräftig gebaute Agame, deren gesamter Körper mit Stachelschuppen übersät ist. Auch der Schwanz ist stark gewirtelt. Je nach Population kann die Grundfärbung von gelbbraun bis fast schwarz variieren. Auf dem Oberkörper sind häufig 4 bis 5 helle Querbinden oder rhombische Flecken zu erkennen. Die Tiere können sich stark aufhellen und abdunkeln. Die Männchen sind an den Präanalporen zu erkennen.

Terrarium: Typen C und D. Ein Felsaufbau kommt dem natürlichen Lebensraum sehr nahe. Die Steine sollten einige Versteckplätze bieten. Da die Tiere sehr gerne in der Sonne liegen, sollten Strahler einen lokalen Bereich auf ca. 35 bis 40 °C aufheizen. Insgesamt benötigt auch diese Art eine intensive Beleuchtung. Der Bodengrund kann aus Sand bestehen und sollte in einer Ecke feucht gehalten werden. Eine Blumenschale mit robusten Pflanzen kann vorhanden sein.

Haltung und Zucht: Es kommt nur eine paarweise Haltung in Frage. Die Tiere benötigen eine 4- bis 6wöchige Ruhephase bei Temperaturen unter 20 °C. Nach dieser Zeit setzen in der Regel die ersten Paarungsaktivitäten ein. Die Weibchen legen 2 bis 3 Gelege im Jahr. Die bis zu 10 Eier werden im feuchten Sand oder in der feuchten Erde vergraben. Die Zeitigung der Eier sollte in Vermiculite oder Perlite vorgenommen werden. Je nach Zeitigungstemperatur benötigen die Jungtiere bis zum Schlupf über 100 Tage. Ihre Aufzucht sollte einzeln erfolgen.

Futter: Grillen und Heimchen, Heuschrecken, Zophobas, nackte Mäuse, Wachsraupen und in geringem Maße auch pflanzliche Kost.

Laudakia stellio picea (Parker, 1935)

Verbreitung: Die Unterart kommt in Südwestsyrien, Südlibanon, Nordwestjordanien und Nordisrael vor.

Lebensraum: Die Tiere leben in überwiegend trockenen und felsigen Gebieten. Man findet sie auch in der Nähe von Siedlungen an Mauern und Felsen.

Größe: Mit einer Gesamtlänge von ca. 35 cm sind beide Geschlechter ausgewachsen.

Kennzeichen: Auf dem dunklen, fast schwarzen Oberkörper befinden sich in Querreihen angeordnete gelbe und orange Flecken und Punkte. Der Schwanz ist in der gleichen Farbe gebändert. An den Seiten und auf den Extremitäten befinden sich unregelmäßig angeordnete Punkte des gleichen Farbtons. Die Unterseite der Weibchen ist grau, während die Männchen einen schwarzen Bauch und eine schwarze Kehle besitzen. Die Arme der Männchen färben sich in der Paarungszeit dunkelblau. Normalerweise sind die Männchen an der verdickten Schwanzwurzel gut zu erkennen.

Terrarium: Typ C. Ein Trockenterrarium wird mit einem künstlichen Felsaufbau versehen. Den Bodengrund bildet eine Sandschicht, die an einer geschützten Stelle ca. 10 cm hoch aufgeschüttet und feucht gehalten wird. Auf den Felsen gerichtete Strahler bringen die Temperatur lokal auf 40 °C. In der Nacht können die Werte bis auf Zimmertemperatur absinken. Eine Winterruhe von 6 bis 8 Wochen sollte den Tieren eingeräumt werden. Hierbei genügt es, wenn Beleuchtung und Heizung langsam heruntergefahren werden, bis die Temperatur unter 20 °C fällt. Nach der Winterruhe werden Beleuchtung und Heizung langsam wieder hochgefahren. Einmal am Tage wird das Terrarium besprüht.

Haltung und Zucht: Die Haltung eines Männchens mit mehreren Weibchen ist problemlos, nur muß für ausreichende Versteck- sowie Aufwärmplätze gesorgt werden. Nach der Winterruhe beginnen die Männchen zu imponieren. Die Paarungszeit liegt in den Monaten März bis Juni. Die Weibchen vergraben jährlich mehrere Gelege aus 3 bis 8 Eiern, im feuchten Sand. Die Eier sollten in feuchtem Vermiculite oder Perlite gezeitigt werden. Bei einer Zeitigungstemperatur von 26 bis 30 °C benötigen die Jungtiere ca. 50 bis 60 Tage bis zum Schlupf. Die Aufzucht kann im Terrarium der erwachsenen Tiere erfolgen. Die Jungtiere sind nach etwa einem Jahr geschlechtsreif.

Futter: Es werden alle bekannten Futtertiere gefressen. Darüber hinaus wird auch pflanzliche Kost (wie verschiedene Blüten) gerne gefressen.

Leiolepis Cuvier, 1829
Schmetterlingsagame

Der deutsche Name Schmetterlingsagame deutet schon auf die Farbenpracht dieser Echsen hin. In ihrem Verbreitungsgebiet bildet ein Männchen mit mehreren Weibchen ein festes Revier. In diesem Territorium befinden sich mehrere lange und tief in die Erde hinabreichende Gänge. Die Weibchen bleiben in der Nähe ihrer Wohnhöhlen, während das Männchen ständig sein Revier durchstreift. In Randzonen kommt es immer wieder zu Streitigkeiten mit anderen Männchen. Die Weibchen legen ihre Eier in der Höhle ab. Die Jungtiere bleiben immer einige Zeit in der Nähe der Höhle und werden weder vom Weibchen noch vom Männchen behelligt. Durch ihre stark verlängerten, frei endenden Rippen können sich die Tiere sehr stark abflachen. Dieses sieht man sehr schön beim Sonnenbaden. Die Männchen nutzen diese optische Vergrößerung des Körpers aber auch bei ihren Drohgebärden aus. Hierbei stellen sie sich Seite an Seite auf und umkreisen einander. Dabei wird das nach oben gerichtete Vorderbein dicht an den Körper angelegt.

Leiolepis belliana (Gray, 1827)

Verbreitung: Das Verbreitungsgebiet reicht von der Nordostküste des Golfes von Thailand (etwa zwischen dem Menam- und Mekong-Delta) bis auf die malaiische Halbinsel. Ferner kommen die Tiere noch an einigen Küstenstreifen der Inseln Penang, Sumatra, Lankawi und Bangka vor.

Lebensraum: Die Agamen bewohnen die küstennahen Landstriche bis direkt ans Meer heran. Dabei bevorzugen sie trockene offene Sandflächen mit spärlichem Bewuchs. Hier graben sie ihre langen Gänge. Während der Mittagszeit liegen die Bodentemperaturen bei 45 bis über 50 °C. Auch im Schatten betragen die Temperaturen noch weit über 30 °C. Die Tiere haben aber immer die Möglichkeit, wieder in den kühleren Wohnhöhlen zu verschwinden. An den Küsten ist die Luftfeuchtigkeit etwas höher, und es weht ein leichter Wind.

Größe: Die Männchen erreichen eine Gesamtlänge von 45 mm, wobei zwei Drittel auf den Schwanz entfallen. Die Weibchen bleiben etwas kleiner und sind auch nicht so massig wie die Männchen.

Kennzeichen: Die Grundfärbung ist hellbraun-beige. Auf dem Rücken befinden sich drei dunkel eingefaßte gelbe Längsstreifen, die auch in einzelne Flecken aufgelöst sein können. Daneben sind unregelmäßige gelbe Ocellen („Augenflecken") über den Körper verstreut. Die Oberseite des Schwanzes und der Extremitäten sind ebenfalls mit gelben Flecken übersät. An den Flanken befinden sich auf schwarzem Grund 7 bis 9 rote Querstreifen.

Terrarium: Typ D. Auf den Boden kommt eine ca. 10 cm hohe Sandschicht mit einigen Korkplatten als Versteckmöglichkeit. Eine Stelle im Terrarium wird immer leicht feucht gehalten. Durch Strahler werden einige exponierte Plätze auf 40 bis 45 °C erwärmt. Es müssen aber auch kühlere Ecken im Terrarium vorhanden sein. Die Bodenfläche des Beckens ist mit 2 m² für ein Pärchen ausreichend. Hierbei spielt die Höhe nur eine untergeordnete Rolle. Morgens wird das Terrarium kräftig überbraust.

Haltung und Zucht: Die Tiere werden paarweise gepflegt. Die Weibchen vergraben ihre Eier an einer feuchten Stelle im Sand. In den ersten Tagen nach dem Schlupf bleiben die Jungen immer in einem Umkreis von einigen Metern um die Wohnhöhle. Danach entfernen sie sich immer mehr, kommen aber bei Gefahr wieder zurück. Frisch geschlüpfte Jungtiere besitzen einen leuchtend roten Schwanz.

Futter: Man kann diese Art schon fast als Allesfresser bezeichnen. Neben jeder tierischen Nahrung, die sie überwältigen können, wird auch fast jegliche pflanzliche Kost verspeist. Auf der Insel Lankawi werden die Tiere von den

◁ *Laudakia stellio picea.* △ *Leiolepis belliana belliana.* ▽ *Leiolepis reevesii.*

Touristen mit Torte und Eis gefüttert (zur Nachahmung nicht empfohlen). Im Terrarium sollte man auf die Nahrung zurückgreifen, welche auch in der Natur vorhanden ist. Es werden alle zur Verfügung stehenden Futtertiere gefressen.

Leiolepis reevesii (Gray, 1935)

Verbreitung: Das genaue Verbreitungsgebiet ist sehr schwer einzugrenzen. Bisher sind Tiere aus Südchina, Laos und Vietnam sowie von der Insel Hainan bekannt.

Lebensraum: Die Echsen bewohnen die küstennahen Landstriche, insbesondere den Strand mit seinen trockenen, offenen und spärlich bewachsenen Sandflächen. Hier graben sie ihre langen Wohnhöhlen. Während der Mittagszeit liegen die Bodentemperaturen hier bei 45 bis über 50 °C. Auch im Schatten betragen die Temperaturen weit über 30 °C. Die Tiere haben aber immer die Möglichkeit, wieder in den kühleren Wohnhöhlen zu verschwinden.

Größe: Mit einer Gesamtlänge von ca. 45 cm scheinen die Tiere ausgewachsen zu sein. Die Kopf-Rumpf-Länge beträgt dabei 15 cm.

Kennzeichen: Der gesamte Körper der Männchen ist mit gelben bis rötlichen Ocellen übersät. Die Tiere haben eine orangerote Flankenzeichnung mit dunkelbraunen bis schwarzen Querstreifen. Die Hinterbeine sind gelb gepunktet. Die Weibchen sind ziemlich einfarbig braun gefärbt und besitzen nur eine angedeutete Fleckenzeichnung.

Terrarium: Typ D. Siehe *L. belliana*.

Haltung und Zucht: Die Tiere werden paarweise gepflegt. In der Zeit von Oktober bis Januar legen die Tiere eine Ruhephase ein. Sie liegen in einer kühlen Ecke des Terrariums verborgen unter einem Stein und kommen nur äußerst selten zur Nahrungsaufnahme

und zum Trinken an die Oberfläche. Etwa zwei Monate nach Beendigung der kühlen Phase legen die Weibchen ihr Gelege aus ca. 7 Eiern ab. Meist wird es unter einem Gegenstand sorgfältig vergraben. Die Zeitigung sollte in leicht feuchtem Vermiculite bei 28 °C erfolgen.

Futter: Auch diese Art kann man wieder fast als Allesfresser bezeichnen. Neben jeder tierischen Nahrung, die sie überwältigen können, wird auch pflanzliche Kost verspeist. Es werden alle zur Verfügung stehenden Futtertiere gefressen. Am liebsten verspeisen die Agamen jedoch Bananen und Heimchen.

Lophognathus Gray, 1842

Da diese Tiere immer in der Nähe von Gewässern leben, werden sie auch als Wasseragamen bezeichnet. Sie können ausgezeichnet schwimmen und tauchen.

Lophognathus gilberti Gray, 1842

Verbreitung: Diese Art ist für Australien endemisch. Sie leben im Norden des Kontinents, wobei sie in der Region um die Stadt Darwin und an der Ostküste von Cape York nicht vorkommen. In Zentralaustralien findet man die Art noch südlich der Stadt Alice Springs.

Lebensraum: Bedingt durch das große Verbreitungsgebiet mit seinen unterschiedlichen Klimaten sind auch die Habitate sehr verschieden. Während im Norden ein tropisches Klima herrscht, wird es nach Mittelaustralien hin immer trockener. Die Art ist baumbewohnend, wobei aber auch alle anderen höhergelegenen Aussichtspunkte angenommen werden.

Größe: Mit einer Gesamtlänge von 60 cm sind die Tiere ausgewachsen. Hierbei entfallen etwa drei Viertel der Länge auf den Schwanz. Auf den Montabello-Inseln sollen die Tiere nur 400 mm groß werden.

Kennzeichen: Die Grundfärbung der Echsen ist braun in verschiedenen Abstufungen. Vom Kinn bis hinter das Ohr zieht sich ein heller Streifen, der sich im Nacken mit einem dorsolateralen Streifen verbindet. Die Unterseite ist hell gefärbt und bei den Weibchen mit einigen dunklen Flecken versehen.

Terrarium: Typ A. Die Höhe des Terrariums sollte nicht unter 1 m liegen, wobei ein Volumen von einem m^3 für ein Paar ausreichend ist. Einige schräg stehende und waagerechte Äste müssen vorhanden sein. Der Bodengrund kann aus Erde bestehen, die an einer Stelle ca. 15 cm hoch angehäuft wird. Eine Bepflanzung kann vorhanden sein. Die Tiere benötigen keine hohe relative Luftfeuchtigkeit. Ein Strahler bringt die Temperatur lokal auf 35 °C, wobei am Tage die Wärme 25 bis 30 °C betragen sollte. In der Nacht kann die Temperatur auf 20 °C absinken. Ein größeres Wasserbecken muß immer vorhanden sein.

Haltung und Zucht: Die Tiere leben in der Natur an Bäumen in der Nähe von fließenden Gewässern. Bei Gefahr flüchten sie entweder über Land oder springen ins Wasser und tauchen unter. Sie können mehrere Minuten unter Wasser bleiben. Die Art kann nur paarweise gepflegt werden. Auch die Weibchen beißen sich untereinander. Kurz vor der Eiablage werden sie auch gegenüber den Männchen aggressiv. Die Eiablage erfolgt in feuchter Erde oder feuchtem Sand. Es werden bis zu 12 Eier abgelegt. Bei einer Zeitigungstemperatur von 26 °C benötigen die Jungtiere 71 und bei 30 °C 47 Tage bis zum Schlupf (KITTIG mündl. Mitt.). Die Aufzucht der Jungen muß einzeln erfolgen, da sie untereinander sehr aggressiv sind. Die Einzelaufzucht gestaltet sich dann unproblematisch.

Futter: Im Terrarium fressen die Agamen die unterschiedlichsten Futtertiere, wie Wanderheuschrecken, Grillen und Heimchen, Zophobas, Mehlwürmer, Wachsraupen und Mäusebabys.

Lophognathus temporalis
(Günther, 1867)

Verbreitung: Diese Art lebt im äußersten Norden von Australien (Nordspitze von Cape York), an der Südküste Neuguineas und auf einigen umliegenden Inseln.

Lebensraum: Diese Agamenart bewohnt den subtropischen Bereich Australiens. Es sind Baumbewohner, die in der Nähe von Gewässern leben. Die Niederschläge dort sind sehr hoch, und auch die Temperatur ist das ganze Jahr über ziemlich gleichmäßig hoch.

Größe: Die Gesamtlänge variiert je nach Verbreitungsgebiet zwischen 30 und 45 cm, wobei hauptsächlich die Schwanzlänge, die mindestens die dreifache Körperlänge beträgt, unterschiedlich ausfällt.

Kennzeichen: Die Grundfärbung reicht von graubraun bis rotbraun und geht bei den Weibchen bis ins Gelbliche über. Auf dem Rücken zeigen sie eine leichte Querbänderung aus dunklen Flecken. Ein weißer Streifen zieht sich von der Schnauzenspitze bis zum Nakken und geht in einen Dorsolateralstreifen über. Bei den Männchen sind die Streifen ausgeprägter als bei den Weibchen. Der kleine Nackenkamm ist bei den Männchen auch etwas höher.

Terrarium: Typ A. Es kommt nur ein Regenwaldterrarium mit einem größeren Wasserbecken in Frage. Ein Volumen von 1 m^3 ist für die Haltung eines Paares ausreichend. Einige armdicke senkrecht, schräg und auch waagerecht verlaufende Äste sowie eine dichtere Bepflanzung sollten vorhanden sein. Der Bodengrund besteht aus Erde, die an einer Stelle ca. 20 cm hoch eingefüllt wird. Die Temperatur sollte im Durchschnitt bei 25 bis 28 °C liegen. Die

Lophognathus gilberti.

relative Luftfeuchtigkeit beträgt am Tage ca. 70 % und steigt in der Nacht auf über 95 % an. Eine Sprühanlage ist dabei nützlich.

Haltung und Zucht: Die Art wird paarweise gepflegt. Da sie eine ähnliche Lebensweise führt wie *L. gilberti* kann man die Tiere unter den gleichen Bedingungen halten.

Futter: Im Terrarium fressen die Agamen die unterschiedlichsten Futtertiere, wie Wanderheuschrecken, Grillen und Heimchen, Zophobas, Mehlwürmer, Wachsraupen und nackte Mäuse.

Lyriocephalus Merrem, 1820
Lyrakopf-Agame

Es handelt sich hierbei um eine monotypische Gattung, die nur im zentralen Bergland von Sri Lanka beheimatet ist. Die Tiere sind sehr langsam und verlassen sich hauptsächlich auf ihre Tarnung. Da sie ihre Augen getrennt voneinander bewegen können, haben sie ihr Revier immer gut unter Kontrolle. Die Männchen verteidigen es sehr energisch gegen Eindringlinge.

Lyriocephalus scutatus (Linnaeus, 1758)

Verbreitung: Diese Art ist für Sri Lanka endemisch.

Lebensraum: Die Tiere bewohnen die lichten Bergwälder, in Höhenlagen von 150 bis 900 m über NN. Es sind zum Teil Nebelwälder mit einer gleichbleibend hohen relativen Luftfeuchtigkeit von 80 bis 100 %. Die Tagestemperaturen liegen teilweise im Durchschnitt bei 23 °C. In der Nacht gehen sie auf unter 20 °C zurück. Es sind ausgesprochene Baumbewohner, die sich bevorzugt kopfaufwärts sitzend im unteren Stammbereich bis in 3 m Höhe aufhalten.

△ *Lophognathus temporalis.*   ▽ *Lyriocephalus scutatus,* Weibchen.

Größe: Mit einer Gesamtlänge von 34 cm sind die Tiere ausgewachsen, hierbei entfällt die Hälfte auf den Schwanz. Er wirkt im Verhältnis zur Größe der Echsen recht kurz.

Kennzeichen: Auffällig sind die dicke, weiche Knollennase und die spitz hochgezogenen Augenbrauenbögen. Die Weibchen haben einen kleineren Schnauzenfortsatz. Die Färbung kann von braun bis grün variieren. Die Männchen sind überwiegend grün gefärbt und besitzen einen größeren gelben Kehlsack als die Weibchen. Bei ausgewachsenen Männchen sind Hemipenistaschen deutlich zu erkennen.

Terrarium: Typ B. Das Regenwaldterrarium wird mit senkrechten und waagerechten, armdicken Ästen ausgestattet. Eine teilweise dichte Bepflanzung kann eingebracht werden. Der Bodengrund besteht aus ca. 10 cm hoch eingefüllter Blumenerde. Die Temperatur sollte am Tage bei 24 bis 27 °C liegen und in der Nacht auf unter 20 °C absinken. Die nötige relative Luftfeuchtigkeit von 80 bis 100 % wird durch Sprühen erreicht. Die Größe des Terrariums sollte für die Haltung eines Paares bei ca. 1 m³ liegen.

Haltung und Zucht: Es handelt sich um ruhige Agamen, die paarweise gepflegt werden können. Bei der Kopulation, die bis zu 20 Minuten dauern kann, wird das Weibchen durch einen Nackenbiß vom Männchen gehalten. 6 bis 8 Wochen nach der Paarung vergraben die Weibchen ihre 8 bis 16 Eier in der feuchten Erde. Hierfür heben die Tiere eine bis zu 20 cm tiefe Grube aus. Nach der Eiablage wird diese wieder zugescharrt und die Erde mit dem Kopf festgestampft. Bei einer Zeitigungstemperatur von 23 bis 26 °C benötigen die Jungtiere bis zum Schlupf 120 bis 140 Tage. Die Aufzucht sollte einzeln erfolgen, da sich die Tiere untereinander stark stressen können. Nach ca. 10 Monaten sind sie bereits geschlechtsreif.

Eine ausreichende Versorgung mit Vitaminen und Mineralien ist Voraussetzung für gesunde Nachzuchten und für das ungestörte Heranwachsen der Jungtiere.

Futter: Regenwürmer bilden das Hauptfutter. Es werden aber auch alle anderen Futtertiere gefressen.

Moloch Gray, 1841
Dornteufel

Die Haltung dieser Gattung ist nicht zu empfehlen. Es sind extreme Nahrungsspezialisten, die sich in der Natur überwiegend von Ameisen ernähren. Eine Mahlzeit kann aus 5 000 dieser Insekten bestehen. Diese monotypische Gattung ist in Australien endemisch.

Moloch horridus Gray, 1841

Verbreitung: Man findet die Tiere im zentralen, südlichen und westlichen Australien.

Lebensraum: Die Tiere leben auf sandigen Böden. Es sind überwiegend die Wüstengebiete im Inneren Australiens. Geringe Niederschläge und hohe Tagestemperaturen sind die Regel.

Größe: Mit einer Gesamtlänge von 20 cm sind die Tiere ausgewachsen. Die Männchen bleiben in der Regel etwas kleiner.

Kennzeichen: Der Körper und die Extremitäten sind mit weichen, dornenähnlichen Kegelschuppen übersät. Die Färbung besteht aus gelbbraunen Tönen und geht teilweise in rötliche Nuancen über. Die Extremitäten sind relativ lang. Dadurch sind die Tiere in der Lage, bei hohen Bodentemperaturen den Körper weit von der Erde abzuheben. Sie vollführen beim Laufen ruckartige Bewegungen.

Terrarium: Typ D. Das Wüstenterrarium sollte eine etwa 10 cm hohe

Sandschicht aufweisen und in einer Ecke leicht feucht gehalten werden. Als Versteckplätze werden halbierte Korkröhren angeboten. Der Behälter wird morgens kurz überbraust. Ein Strahler sollte die Temperatur lokal auf 35 bis 40 °C erhöhen.

Haltung und Zucht: Über eine erfolgreiche Haltung und Zucht ist sehr wenig bekannt. Die Tiere haben in der Natur zwei Aktivitätsphasen im Jahr, etwa von März bis Mai und von August bis Dezember. Die Weibchen vergraben ihre 6 bis 10 Eier in dem feuchten Sand. Je nach Zeitigungstemperatur benötigen die Eier über 100 Tage bis zum Schlupf.

Futter: Die Art ist ein Futterspezialist und ernährt sich in der Natur hauptsächlich von Ameisen. Im Terrarium fressen sie auch Wachsraupen, kleine Grillen sowie Drosophila.

Otocryptis Wagler, 1830

Bisher sind zwei Arten bekannt. Auffallend sind die sehr langen dünnen Hinterbeine.

Otocryptis wiegmanni Wagler, 1830

Verbreitung: Es ist eine für Sri Lanka endemische Art. Man findet die Tiere bis in eine Höhe von über 1000 m.

Lebensraum: *Otocryptis wiegmanni* bewohnt Hecken und Sträucher an Waldrändern, aber auch die Ufervegetation von Regenwaldbachläufen. Die relative Luftfeuchtigkeit liegt am Tage bei 55 bis 70 % und steigt in der Nacht auf über 90 % an, je nach Jahreszeit. Die Temperaturen im Bergland liegen am Tage bei 25 bis 30 °C und können in der Nacht weit unter 20 °C sinken. Im Flachland betragen die Werte am Tage 27 bis 35 °C und fallen in der Nacht auf 20 bis 25 °C ab.

Größe: Die Männchen können eine Gesamtlänge von 25 cm erreichen, während die Weibchen kaum 20 cm lang werden.

Kennzeichen: Das Auffälligste an dieser Agame sind die sehr langen Hinterbeine. Die Färbung variiert von graubraun bis olivgrün. Ein heller Rückenstreifen kann vorhanden sein. Je nach Erregung vermögen die Tiere ihre Farbe wie auch die Musterung aufzuhellen oder abzudunkeln. Der Schwanz ist im Querschnitt kreisrund. Die Männchen besitzen einen gelben bis orangenen Kehlsack, der sich bis zum Bauch hinzieht.

Terrarium: Typ B. Bei *Otocryptis wiegmanni* handelt es sich um eine kleine Agamenart, die paarweise oder in Gruppen aus einem Männchen und mehreren Weibchen gepflegt werden kann. Das Regenwaldterrarium sollte eine Größe von mindestens 1 m^3 aufweisen. Eine stellenweise dichte Bepflanzung ist unbedingt nötig. Dünne Äste werden gegenüber dickeren Stämmen eindeutig bevorzugt. Die Tiere schlafen in der Natur oft an den Blattspitzen dünner Gräser. Der Bodengrund besteht aus Blumenerde und sollte mit Laub abgedeckt werden. Vervollständigt wird die Einrichtung durch einen kleinen Wasserlauf oder ähnliches. Strahlungswärme ist nicht unbedingt erforderlich, da die Tiere keine ausgesprochenen Sonnenanbeter sind.

Haltung und Zucht: Die Nachzucht dieser sehr interessanten Agame ist schon häufiger gelungen, doch gestaltet sich die Aufzucht der Jungtiere äußerst schwierig. Eine ausreichende Versorgung der Tiere mit Kalk und Vitaminen ist lebensnotwendig. Die Weibchen legen ihre 3 bis 5 weichschaligen Eier in selbstgegrabenen Mulden ab. Nach der Eiablage wird das Loch wieder zugescharrt und der Boden mit dem Kopf angedrückt, so daß die Ablagestelle hinterher nicht mehr zu erkennen ist. Es werden häufig Plätze in der Nähe von

Moloch horridus.

Pflanzen oder Stämmen zur Ablage ausgesucht. Sind im Terrarium keine geeignet erscheinenden Eiablageplätze vorhanden, so kann es vorkommen, daß die Weibchen die Eier wahllos auf dem Boden verstreuen. Diese sollten sofort aus dem Behälter entfernt und bei 20 bis 24 °C in leicht feuchtem Vermiculite gezeitigt werden. Die Inkubationszeit beträgt unter diesen Bedingungen etwa 51 bis 70 Tage. Die Nachzuchten sollten auf die gleiche Weise wie die Adulti gepflegt werden. Auch hier kann das Terrarium nicht groß genug sein.

Futter: Neben Heimchen, Grillen, Wachsraupen und kleinen Heuschrecken nehmen die Agamen auch gerne Kleinstfutter wie Wiesenplankton, Springschwänze, Obstfliegen, Ameisen. Regenwürmer werden ebenfalls sehr gerne gefressen. Vereinzelt nahmen die Tiere auch Obstbrei und Kalzan D_3 zu sich.

Phrynocephalus Kaup, 1825
Krötenkopfagamen

Der deutsche Name Krötenkopfagame weist auf den an der Schnauze stark abgerundeten Kopf hin. Diese Gattung lebt überwiegend in trockenen, sandigen Gebieten. Ihr Verbreitungsgebiet reicht von Vorderasien bis zur Mandschurei. Durch seitliche Körperbewegungen sind einige Arten in der Lage, sich blitzschnell in den Sand einzugraben und somit sich für ihre Feinde unsichtbar zu machen.

Bei der Pflege dieser interessanten Agamen darf man nicht vergessen, daß die meisten Tiere es nicht lernen, aus einer Wasserschale zu trinken. Darum müssen sie ihren Wasserbedarf über das Sprühwasser decken. Die meisten Arten legen eine längere Winterruhe ein, die etwa von Oktober bis Ende März reichen kann. Einige Arten sind lebend-

△ *Otocryptis wiegmanni.*

▽ *Phrynocephalus mystaceus.*

gebärend, so zum Beispiel *Phrynocephalus theobaldi.*

Phrynocephalus mystaceus (Pallas, 1776)
Bärtiger Krötenkopf

Verbreitung: Das Verbreitungsgebiet reicht vom äußersten Westen Asiens und dem nördlichen Kaukasus über die Nord- und Ostküste des Kaspischen Meeres durch Nordiran bis Nordafghanistan und Mittelasien.

Lebensraum: Es handelt sich um trockene, locker sandige Habitate mit schütterem Strauchbewuchs. Tagestemperaturen von über 40 °C sind in den Sommermonaten die Regel. In der Nacht sinken sie jedoch meist auf unter 20 °C. In den Wintermonaten, also von Ende September bis Anfang April, verbringen die Tiere eine Winterruhe. Sie verschlafen diese Zeit in selbstgegrabenen, bis 130 cm tiefen Höhlen.

Größe: Diese Art ist der größte Vertreter der Gattung. Ihre Gesamtlänge beträgt 24 bis 25 cm, wovon etwa die Hälfte auf den Schwanz entfällt. Die Weibchen sind in der Regel etwas kleiner als die Männchen.

Kennzeichen: Die Tiere haben einen breiten Kopf mit einer sehr stumpf abgerundeten Schnauze. In den Mundwinkeln befindet sich eine mit Stachelschuppen besetzte Hautfalte, die bei Erregung seitlich abgespreizt werden kann. Sie färbt sich dann rot und erweckt somit den Eindruck eines größeren Maules oder zumindest Schädels. Auf der sandfarbenen Oberseite befinden sich unregelmäßig angeordnete dunkle Punkte und Striche. Die Unterseite ist hell mit einem schwarzen Brustfleck. Das untere Schwanzende ist schwarz gefärbt. An den Fingern und Zehen befinden sich deutliche Fransenkämme.

Terrarium: Typ D. Zur Pflege dieser attraktiven Agame eignet sich nur ein geräumiges Wüstenterrarium. Die Einrichtung bildet eine 5 cm hohe Sandschicht, die in einer Ecke ständig feucht gehalten wird. Einige Steine, eine alte Wurzel, eingetopfte Sukkulenten usw. können zur Dekoration und als Versteckplätze in den Behälter eingebracht werden. Ein über dem Terrarium angebrachter Strahler muß die Temperatur lokal auf 40 °C erhöhen, ansonsten sind im Sommer 25 bis 30 °C ausreichend. In der Nacht können die Werte auf Zimmertemperatur absinken.

Haltung und Zucht: Die Haltung eines Männchens mit mehreren Weibchen bereitet keine Probleme. Einige Wochen nach der Winterruhe beginnen die Fortpflanzungsaktivitäten. Die Weibchen vergraben nach einer 4- bis 6wöchigen Trächtigkeit ihre 2 bis 4 Eier im leicht feuchten Sand. Es können unter optimalen Bedingungen mehrere Gelege im Jahr erfolgen. Je nach Zeitigungstemperatur schlüpfen die Jungtiere nach 50 bis 70 Tagen. Die spätere Aufzucht erfolgt unter den gleichen Bedingungen wie die Pflege der erwachsenen Tiere. Bereits nach zwei Jahren sind die Agamen geschlechtsreif.

Futter: Neben allerlei pflanzlicher Kost werden alle bekannten Futtertiere gefressen. Sehr gerne auch hartschalige Käfer sowie kleinere Echsen.

Phrynocephalus (helioscopus) persicus (Pallas, 1771)

Verbreitung: Das Verbreitungsgebiet dieser Art erstreckt sich vom Kaukasus bis südlich Iran und Mittelasien.

Lebensraum: Es werden feste Böden in trockenen, halbwüstenähnlichen Gebieten bevorzugt. Ausgesprochen sandige Habitate meiden die Agamen.

Größe: *Phrynocephalus (helioscopus) persicus* erreicht eine Gesamtlänge von ca. 12 cm, wovon der Schwanz die Hälfte einnimmt.

Kennzeichen: Der Oberkörper ist sandfarben mit einigen dunklen Flecken. Im Nacken befindet sich rechts und links je ein dunkler, hellblau umrandeter Fleck. Der gleiche hellblaue Farbton kommt auch im Augenbereich vor. Die Unterseite ist fast weiß gefärbt.

Terrarium: Typ C. Für eine Gruppe aus einem Männchen und drei Weibchen reicht eine Grundfläche von 1 m² aus. Da die Tiere sich nicht im Sand vergraben, sondern in Löchern Schutz suchen, benötigen sie im Terrarium einige Unterschlupfmöglichkeiten. Dies können künstliche Höhlen oder übereinander gelegte Steinplatten sein, die einige Zwischenräume freilassen. Der Bodengrund sollte aus einem festen Lehm-Sand-Gemisch bestehen.

Haltung und Zucht: *Phrynocephalus (helioscopus) persicus* legt eine mehrmonatige Winterruhe ein. Im Terrarium simuliert man sie am einfachsten, indem man den ganzen Behälter in einen kühlen, hellen Keller stellt. Kurz nach der Winterruhe paaren sich die Tiere. Nach einer Trächtigkeit von ca. 45 Tagen legen die Weibchen ihre bis zu 7 Eier in den leicht feuchten Bodengrund. Die ersten Gelege jüngerer Weibchen bestehen in der Regel nur aus 2 bis 3 Eiern. Bei einer Zeitigungstemperatur von 28 bis 30 °C schlüpfen die Jungtiere nach 45 bis 50 Tagen. Die Aufzucht erfolgt am besten in kleinen Gruppen. Bereits im nächsten Jahr erreichen die Agamen die Geschlechtsreife.

Futter: Neben allerlei pflanzlicher Kost werden alle bekannten Futtertiere gefressen, sehr gerne hartschalige Käfer sowie kleinere Echsen.

Phrynocephalus theobaldi Blyth, 1863

Verbreitung: Die Art bewohnt nur das Himalajamassiv. Dort wurde sie bisher in Kaschmir, Nepal und Tibet nachgewiesen.

Lebensraum: *Phrynocephalus theobaldi* wurde noch in 5 000 m Höhe gefunden. Damit gehört diese Art zu jenen Reptilien, welche in die höchsten nachgewiesenen Höhenlagen vordringen. Extreme klimatische Unterschiede prägen diesen Lebensraum.

Größe: Die Tiere erreichen eine Gesamtlänge von 10 cm, wovon der Schwanz etwa die Hälfte einnimmt.

Kennzeichen: Der insgesamt graue bis braune Körper ist mit dunklen und einigen gelben bzw. weißen Flecken oder Punkten übersät. Die Unterseite ist meist einfarbig hellgrau. Die Tiere haben eine sehr stumpfe Schnauze.

Terrarium: Typen D und C. Die Art kann im Sommer in einer Balkon- oder Freilandanlage gehalten werden. Für ein Pärchen reicht eine Grundfläche von 0,4 m² völlig aus. Einige Steine und Korkröhren sorgen für die nötigen Versteckmöglichkeiten. Als Bodengrund wird eine 5 cm hohe Sandschicht eingebracht. Die Temperatur kann lokal auf 30 °C ansteigen. In der Nacht muß sie jedoch auf unter 15 °C sinken.

Haltung und Zucht: Die Art muß mehrere Monate überwintern. Hierbei ist eine Temperatur von ca. 8 °C einzuhalten. Nach der Winterruhe beginnen die Agamen sofort mit der Fortpflanzung. Dies bereitet keine Probleme, da die Tiere lebendgebärend sind. Die Adulti stellen den Jungtieren zwar nicht nach, doch sollten jene zur besseren Kontrolle separat aufgezogen werden.

Futter: Es sollte so abwechslungsreich wie möglich gefüttert werden mit Heimchen, Grillen, Wachsmotten und deren Raupen, Fliegen, Heuschrecken, Ameisen und daneben immer wieder pflanzlicher Kost.

Phrynocephalus versicolor Strauch, 1876

Verbreitung: Die Art ist im Gebiet der Wüste Gobi zu finden.

Phrynocephalus (helioscopus) persicus.

Lebensraum: Die Wüste Gobi ist ein sehr lebensfeindliches Biotop, das gleichermaßen aus sandigen Dünen und ausgedehnten Steinwüsten besteht. Die Temperaturen steigen im Sommer am Tage auf weit über 40 °C und können im Winter auf −30 °C abfallen. Auch die Tagesschwankungen sind sehr extrem. Messungen, die Anfang September gemacht wurden, ergaben an der Südseite einer Dünenoberfläche folgende Werte: 16.00 Uhr, leichter Wind, am Boden 39,2 °C und in 1 cm Tiefe 41,2 °C. Zur gleichen Jahreszeit herrschten um 6.30 Uhr 1,8 °C. Sobald die Sonne herauskommt, sind auch die Agamen wieder zu sehen. Auf einem Gebiet von nur ca. 25 m² leben 3 bis 5 Exemplare. Den Winter verbringen die Tiere in tiefen selbstgegrabenen Höhlen.

Größe: Mit einer Gesamtlänge von ca. 11,5 cm sind die Tiere ausgewachsen.

Kennzeichen: In ihrer Zeichnung sind die Agamen sehr variabel. Der Oberkörper kann fast einfarbig grau sein, aber auch ein starkes Streifen- oder Fleckenmuster aufweisen. Hinter den Vorderbeinen sitzt beiderseits ein roter Fleck. Wie alle Krötenkopfagamen können sie ihren Schwanz spiralförmig auf- und abrollen. Je nach Verbreitungsgebiet sind die Tiere in Farbe und Zeichnung dem Untergrund angepaßt. Haben die Tiere eine starke Musterung, so leben sie auf festem Boden in einer Steinwüste. Sind sie ziemlich einfarbig, so stammen sie meistens aus einer Sandwüste. Dort tauchen sie durch schnelle seitliche Bewegungen unter. In der Steinwüste hingegen bleiben sie ruhig zwischen den Steinen liegen und vertrauen auf ihre Tarnung.

Terrarium: Typen C und D. Die Einrichtung des Terrariums kann man

△ *Phrynocephalus theobaldi.*

▽ *Phrynocephalus versicolor.*

schon grob nach der Zeichnung der Tiere vornehmen. Entsprechend wird der Bodengrund aus Lehm oder Sand hergestellt. Einige größere Steine bilden die nötigen Verstecke. Tagsüber sollten die Werte mittels eines Strahlers lokal auf 40 °C steigen, um in der Nacht auf Zimmertemperatur abzufallen.

Haltung und Zucht: Eine Winterruhe von Ende Oktober bis Anfang März muß den Tieren eingeräumt werden. Hierbei darf die Temperatur nur ca. 6 bis 8 °C betragen. Nach der Winterruhe wird sie langsam erhöht, und die Strahler werden immer länger eingeschaltet. Nach ein paar Wochen beginnen die Tiere sich zu paaren. Über eine gelungene Nachzucht ist bisher nichts bekannt.

Futter: Heimchen, Grillen, Wachsmotten und deren Raupen, Fliegen, Heuschrecken. Daneben sollte immer wieder pflanzliche Kost angeboten werden.

Physignathus Cuvier, 1829
Wasseragamen

Die Gattung *Physignathus* besteht aus 2 Arten. Der deutsche Name Wasseragamen deutet schon auf den typischen Lebensraum dieser Gattung hin. Man findet die Tiere nur in der Nähe von Gewässern. Die Männchen verteidigen ihre Reviere sehr aggressiv gegen Artgenossen. Interessant ist auch ihr unterschiedliches Fluchtverhalten: An Flüssen mit Baumbewuchs liegen die Wasseragamen auf den Ästen über dem Wasser, in das sie bei Gefahr flüchten. Wir konnten beobachten, wie eine Agame ca. 10 m hoch auf einen Baum kletterte und von dort ins Wasser sprang. In felsigen Gebieten verstecken sich die Tiere oft in Spalten usw. Je nach Verbreitungsgebiet benötigen die australischen Wasseragamen eine mehrwöchige Winterruhe. In den USA werden die Tiere von Händlern in Freilandterrarien gepflegt und in großer Stückzahl nachgezogen. Sie legen

dort eine mehrmonatige Winterruhe bei Außentemperaturen von −10 °C ein. Die Unterart *P. lesueurii howittii* kommt an der südlichen Ostküste von Australien vor. Im australischen Winter sind dort also in den Monaten Juli und August Temperaturen um den Gefrierpunkt und darunter keine Seltenheit.

Physignathus cocincinus Cuvier, 1829
Grüne Wasseragame

Verbreitung: Das Verbreitungsgebiet dieser Spezies reicht von Südchina bis nach Thailand.

Lebensraum: Die Tiere sind sehr stark ans Wasser gebunden. Man findet sie sehr häufig auf Ästen liegend über fließenden Gewässern. Dies können sogar schnell fließende Flüsse sein. Es sind fast immer dicht bewachsene Uferregionen, an denen die Tiere sich aufhalten. Die Temperaturen liegen am Tage bei 25 bis 30 °C, um nachts auf 20 °C zurückzugehen, wobei die relative Luftfeuchtigkeit bis auf über 90 % ansteigt.

Größe: Die Männchen können eine Gesamtlänge von knapp unter 100 cm erreichen, wobei bis zu 70 cm auf den Schwanz entfallen. Die Weibchen bleiben etwas kleiner.

Kennzeichen: Der deutsche Name Grüne Wasseragame gibt die Grundfärbung dieser Art wieder. Es ist häufig ein Grünbraun, welches im Alter immer dunkler wird. Die Männchen haben einen höheren Nackenkamm als die Weibchen. Auch sind sie intensiver gefärbt und besitzen stark angeschwollene Backen.

Terrarium: Typ A. Ihrer Größe entsprechend benötigen die Tiere ein Terrarium, dessen Volumen nicht unter 1,5 m³ liegen sollte. Weiterhin ist ein großes Wasserbecken Voraussetzung für die Haltung dieser Tiere. Es sollte so tief sein, daß die Agamen vollkommen abtauchen können. Die Wassertemperatur ist mit 25 °C ausreichend. Große stabile Äste müssen vorhanden sein, davon einige über dem Wasser.

Ein Strahler für jedes Tier im oberen Bereich des Terrariums sollte für ein paar Stunden am Tage eingeschaltet sein. Hier kann die Temperatur lokal auf 30 °C ansteigen. Im unteren Terrarienbereich reicht eine Temperatur von 25 °C aus, die in der Nacht auf 20 °C absinken kann. Die Rückwand und die Seitenwände sollten mit Rinde verkleidet werden. Der Bodengrund kann aus Gartenerde bestehen, sollte aber an einigen Stellen 20 bis 30 cm hoch aufgefüllt werden. Einige robuste Pflanzen können die Einrichtung vervollständigen.

Haltung und Zucht: Es sollte nur eine paarweise Haltung vorgenommen werden. Nur in sehr großen Terrarien lassen sich auch mehrere Weibchen mit einem Männchen gemeinsam pflegen. Die Tiere reagieren auf Störungen oftmals sehr ungestüm. Ein Zuhängen der Scheiben in den ersten Wochen kann hier Abhilfe schaffen. Vorsicht ist auch bei der Fütterung geboten: Die Tiere sind sehr gefräßig und schnappen auch schon einmal nach den Gliedmaßen der anderen. Die Vermehrung dieser Art ist schon mehrfach gelungen, und auch die Aufzucht bereitet keine Probleme. Die Weibchen legen ihre weichschaligen Eier in einer ca. 20 cm tiefen Grube ab und scharren das Loch anschließend wieder zu. Je nach Alter des Weibchens kann ein Gelege bis zu 16 Eier umfassen. Jungtiere aus verschiedenen Gelegen schlüpften bei einer Zeitigungstemperatur von 28 °C nach 65 bis 85 Tagen. Sie können gemeinsam aufgezogen werden.

Futter: Ihrer Größe entsprechend benötigen die Tiere kräftige Futterbrocken: Sie fressen halbwüchsige Mäuse, Heuschrecken, Grillen und Heimchen, Schaben, Wachsraupen, Zophobas und Gehäuseschnecken, aber auch Hunde-

und Katzenfutter. Kleingeschnittene Fleischstreifen, Obst und verschiedene Pflanzen werden ebenso gern genommen.

Physignathus lesueurii (Gray, 1831)
Australische Wasseragame

Verbreitung: Das Verbreitungsgebiet reicht von Neuguinea über die gesamte Ostküste Australiens bis zur Gegend südlich von Sydney. Im Südosten Australiens kommt die Unterart *Physignathus lesueurii howittii* vor.

Lebensraum: Die Tiere sind nur in unmittelbarer Nähe von Gewässern anzutreffen. Dies können große Seen, aber auch Bäche und Flüsse sein. Dort sitzen sie an den Uferböschungen, auf Bäumen oder Felsen. Die Tiere aus Sydney und den südlich angrenzenden Gebieten machen eine mehrere Monate anhaltende Winterruhe durch. Temperaturen um den Gefrierpunkt sind dort im Winter keine Seltenheit. Da die Sonne aber auch in dieser Zeit sehr intensiv ist, haben die Tiere immer wieder die Möglichkeit, sich aufzuwärmen.

Größe: Ausgewachsene Männchen können über 1 m groß werden. Es wurden schon Tiere mit einer Gesamtlänge von 120 cm gefangen. Die Weibchen bleiben immer etwas kleiner.

Kennzeichen: Es handelt sich um eine sehr variable Art. Sie besitzt eine braune bis gräuliche Grundfärbung mit einem Muster aus rautenförmigen Rückenflecken oder Querbändern. Der Rückenkamm erstreckt sich vom Hinterkopf bis fast zum Schwanzende.

Terrarium: Typ A. Für die Haltung von einem Pärchen kommt nur ein riesiges Terrarium von ca. 1,5 m³ Volumen in Frage. Der Behälter kann wie bei *P. cocincinus* (s. dort), hergerichtet werden.

Haltung und Zucht: In Australien liegt die Fortpflanzungszeit etwa in den Monaten Oktober bis Dezember. Im

Terrarium kann sich dies durchaus verschieben. Die Weibchen können in einer Periode bis zu zwei Gelege aus 8 bis 20 weichschaligen Eiern produzieren, die in einer ca. 20 cm tiefen Grube abgelegt werden. Je nach Zeitigungstemperatur schlüpfen die Jungtiere erst nach über 100 Tagen. Ihre Aufzucht bereitet keine Probleme. Sie sollten aber einzeln untergebracht werden, da sie nach allem schnappen, was sich bewegt. Bei einer gemeinsamen Aufzucht (oder auch bei einer Unterbringung von mehreren Tieren in zu kleinen Terrarien) fügen sich die Tiere unter Umständen ernsthafte Verletzungen zu.

Futter: Die Tiere fressen alles, was sie bewältigen können. Verzehrt werden neben Mäusen, Fischen, Insekten, Würmern und Schnecken auch Pflanzen und süßes Obst, aber auch Fleischstreifen sowie Hunde- und Katzenfutter, kleinere Echsen und Frösche.

Pogona Storr, 1982
Bartagame

Die Gattung *Pogona* ist in Australien endemisch. Ihren deutschen Namen Bartagamen verdanken sie der abspreizbaren Kehle. Die Tiere haben die Möglichkeit, ihre Kehlhaut durch Aufstellen des Zungenbeinapparates wie einen Bart abzuspreizen. Der Rand dieses „Bartes", der Hinterkopfbereich und die Seiten sind mit Stachelschuppen besetzt. Anhand der Größe des Kopfes und seiner Beschuppung kann man die verschiedenen Arten unterscheiden.

Bestimmungsschlüssel zu den *Pogona*-Arten (nach COGGER, 1992)

1. Dorsoventraler Körpersaum durch regelmäßige Reihe vergrößerter Kegelschuppen markiert 2

   Dorsoventraler Körpersaum mit einigen Reihen von Dornen, die sich vorn (hinter der Achsel) zu einem breiten Band erweitern 5

2. Keine vergrößerten Kehldornen in der Halsmitte 3

   Vergrößerte Dornenschuppen quer über den Hals . . . . *vitticeps*

3. Dornenreihen am Kopf aus kleineren, in der Regel einander nicht berührenden Dornen 4

   Dornenreihen am Kopf kräftig ausgeprägt, aus einander berührenden, kräftigen Kegeldornen . . . . *mitchelli*

4. Zusätzliche Nackenreihe aus Dornen, parallel zu den beidseitigen Vertebralreihen . . . . *minimus*

   Keine derartige Nackenreihe, allenfalls ein Schuppenhaufen als Ende der Nacken-Querreihe . . . . *minor*

5. Vergrößerte Kegeldornen quer über der Halsmitte 6

   Keine derartigen Schuppen . . . . *mocrolepidota*

6. Auffällige weiße Querbänder auf dem Rücken und Schwanz . . . . *nullarbor*

   Keine derartigen Bänder . . *barbata*

Pogona barbata (Cuvier, 1829)

Verbreitung: Diese Art kommt an der Ostküste Australiens vor, im Norden reicht ihr Verbreitungsgebiet etwa bis zur Stadt Cooktown und im Süden bis zur Umgebung von Adelaide. Ausgenommen bleibt der südliche Teil von Victoria. Zwei getrennte Populationen leben in den Mt.-Lofty-Bergen und auf der Eyre-Halbinsel.

Lebensraum: Die Tiere sind an keinen speziellen Lebensraum gebunden. Es sind zum Teil Kulturfolger, die man selbst in den Gärten der großen Städte finden kann. Sie sitzen sehr gerne auf hohen und exponierten Sonnenplätzen, selbst hoch oben auf den Telegraphenmasten.

△ *Physignathus cocincinus.*　　　　　　　▽ *Physignathus lesueurii.*

Größe: Mit einer Gesamtlänge von 55 cm sind die Tiere ausgewachsen. Hiervon entfällt etwa die Hälfte auf den Schwanz.

Kennzeichen: Eine genaue Unterscheidung der Arten ist anhand der Kopfzeichnung möglich. Diese Spezies weist eine sehr dunkle Färbung auf. Der Körper ist grau in verschiedenen Abstufungen, der Bart tiefschwarz, die Extremitäten sind braun bis gelb und die Mundschleimhäute leuchtend gelb.

Terrarium: Typen C und D. Einige dickere Äste müssen sowohl waagerecht als auch senkrecht angeordnet werden. Die Größe des Terrariums sollte für 3 bis 4 Tiere ca. 1,5 m³ betragen. Strahler bringen am Tage die Temperatur lokal auf 35 °C. In der Nacht können sie auf Zimmertemperatur zurückgehen. Der Bodengrund besteht aus Sand, der an einer etwas versteckt angelegten Stelle ca. 20 cm hoch und dort leicht feucht gehalten werden sollte. Einmal am Tage wird das Terrarium überbraust. Hierbei nehmen die Tiere meistens die benötigte Flüssigkeit auf.

Haltung und Zucht: Es kann eine Gruppe aus einem Männchen und mehreren Weibchen zusammen gepflegt werden. Eine Winterruhe ist angebracht: Hierbei werden die Strahler ausgeschaltet und die Temperatur etwas heruntergefahren. Die Tiere verstecken sich oder graben sich im Sand ein. Nach 6 bis 8 Wochen erhöht man die Temperatur langsam wieder und schaltet die Strahler stundenweise zu. Nach kurzer Zeit beginnen die ersten Paarungsaktivitäten. Weitere 4 bis 6 Wochen später beginnt das Weibchen unruhig zu werden. Es führt jetzt mehrere Probegrabungen aus, um den richtigen Ablageplatz zu finden. Mit größter Wahrscheinlichkeit legt es die 18 bis 25 Eier in die Ecke mit dem feucht gehaltenen Sand. Die Eier werden in einen Inkubator überführt, wo sie in feuchtem Sand, Vermiculite oder Perlite gezeitet werden. Bei einer Zeitigungstemperatur von 25 bis 27 °C benötigen die Eier zwischen 80 und 105 Tagen und bei 31 °C nur 59 Tage. Die Jungtiere sollten nur in kleinen Gruppen und größeren Terrarien aufgezogen werden, da sich sehr schnell eine Rangordnung herausbildet. Schwächere Tiere können dann sehr schnell unter Dauerstreß geraten. Im Terrarium können bis zu fünf Gelege in einem Jahr abgesetzt werden. Eine ausgewogene Kost mit sehr vielen Vitaminen und Mineralien, sowie immer wieder Kalk, ist natürlich äußerst wichtig.

Futter: Die Tiere ernähren sich sowohl von pflanzlicher als auch von tierischer Kost. Es kommen alle üblichen Futtertiere, bis hin zu nackten Mäusen in Frage. An pflanzlicher Kost werden verschiedene Obstsorten, Salate, Löwenzahn, Wegerich, usw., aber auch verschiedene Blüten gefressen.

Pogona nullarbor (Badham, 1976)

Verbreitung: Diese Art lebt in der Nullabor-Ebene im südöstlichen Westaustralien und südwestlichen Südaustralien.

Lebensraum: Die Tiere leben auf einem spärlich bewachsenen sandigen Boden. Nach Regenfällen im Frühjahr ist das Gebiet mit niedrigen blühenden Pflanzen übersät.

Größe: Die Tiere erreichen eine Gesamtlänge von 35 cm.

Kennzeichen: *Pogona nullarbor* ist mit Abstand die farbenprächtigste Art. Der Körper kann gelb bis rot gefärbt sein, und häufig ist der Kopf noch andersfarbig abgesetzt. Dabei kommt der schwarze Bart erst richtig zur Geltung. Die Kopfbestachelung ist nicht sehr ausgeprägt, und der Bart kann nur flach aufgerichtet werden. Das Maulinnere ist weiß bis blaß rosa. Auf dem Rücken befinden sich 6 bis 7 weiße Querstreifen.

Terrarium: Typen C und D. Das Terrarium kann wie bei der vorherigen Art eingerichtet werden. Die Tiere scheinen sich aber mehr am Boden aufzuhalten, so daß eine größere Grundfläche angebracht wäre.

Haltung und Zucht: Das Verhalten der *Pogona*arten ist ziemlich gleich. Von einem Weibchen können bis zu 19 Eier gelegt werden. Auch werden sie im feuchten Sand vergraben. Man sollte die Eier in einem Inkubator zeitigen. Bei der Entnahme dürfen sie nicht gedreht werden, da dies ein Absterben des Embryos zur Folge haben kann. Wenn man die Eier nicht sofort nach dem Legen herausgenommen hat, sollte man sie vorher mit einem weichen Bleistift markieren Die Zeitigung erfolgt, wie bei *P. barbata* angegeben.

Futter: Auch diese Spezies sollte so abwechslungsreich wie möglich gefüttert werden (siehe vorherige Art).

Pogona vitticeps (Ahl, 1926)

Verbreitung: Diese Art bewohnt Zentralaustralien bis hinunter zum Nordwesten Victoria.

Lebensraum: Es sind überwiegend trockene, heiße Wüstengebiete, in denen die Tiere leben.

Größe: Die Echsen sind ca. 56 cm groß und gehören damit zur größten Bartagamenart.

Kennzeichen: Sie sind überwiegend dunkelgrau bis graubraun gefärbt. Auf dem Rücken befinden sich aus zwei gelben Flecken zusammengesetzte Längsstreifen, die vom Nacken bis zum Schwanzansatz reichen. Die Färbung kann aber auch bis dunkelrot variieren. Hierbei passen sich die Tiere sehr gut dem Untergrund an. Die Bestachelung am Hinterkopf, am Bart und an den Seiten ist sehr stark ausgeprägt. Die Art hat den breitesten Kopf von allen Bartagamenarten.

Terrarium: Typen C und D. Es kommt nur ein trockenes Wüstenterrarium in Frage. Die Einrichtung kann der bei *P. barbata* beschriebenen entsprechen.

Haltung und Zucht: Auch bei dieser Art können die Tiere in kleinen Gruppen gepflegt werden. Die Weibchen produzieren im Jahr zwei Gelege mit maximal je 25 Eiern. Die Inkubation erfolgt wie bei den anderen Arten angegeben. Bei einer Zeitigungstemperatur von 26 °C benötigen die Eier 68 bis 98 Tage bis zum Schlupf. Die Aufzucht der Jungtiere bereitet keine Probleme. Bei guter Fütterung sind sie nach einem Jahr bereits geschlechtsreif.

Futter: Man reicht ihnen die gleiche Nahrung wie den zuvor beschriebenen Arten.

Pseudotrapelus Fitzinger, 1843

Der Unterschied zwischen *Trapelus* und *Pseudotrapelus* ist äußerlich nur an dem größeren Trommelfell und an den längeren Beinen von *Pseudotrapelus* festzumachen. Die monotypische Gattung lebt im Nordosten Afrikas und auf der arabischen Halbinsel.

Pseudotrapelus sinaitus (Heyden, 1827)

Verbreitung: *Pseudotrapelus sinaitus* lebt nur auf der arabischen Halbinsel.

Lebensraum: Dort bewohnen die Tiere ausschließlich Wüsten und Halbwüsten.

Größe: Mit einer Gesamtlänge von 30 cm sind die Männchen ausgewachsen. Die Weibchen bleiben etwas kleiner.

Kennzeichen: Die Grundfärbung der Weibchen ist hellbraun bis beigefarben und dem Untergrund stark angepaßt. Die Männchen bekommen bei Erregung einen kräftig blauen bis türkisfarbenen Körper.

Terrarium: Typen C und D. Die Einrichtung wird aus einer Sandschicht,

△ *Pogona barbata.*   ▽ *Pogona vitticeps.*   ▷ *Pseudotrapelus sinaitus.*

einigen Steinen und einer dekorativen Wurzel gebildet. Unter einem Strahler sollte die Temperatur lokal bis auf 35 °C ansteigen und in der Nacht unter 20 °C abfallen. Für ein Paar sollte eine Bodenfläche von ca. 0,5 m^2 ausreichen.

Haltung und Zucht: Die Tiere werden paarweise gehalten. Es sollte eine Ruhephase mit Temperaturen unter 20 °C über 4 bis 6 Wochen eingehalten werden. Die Weibchen vergraben ihre Eier im feuchten Sand. Ein Gelege kann bis zu 9 Eier enthalten.

Futter: Grillen und Heimchen, Zophobas, Heuschrecken, Wachsmotten und deren Raupen.

Trapelus Cuvier, 1816

Das Verbreitungsgebiet dieser Gattung reicht vom nördlichen Afrika über die Arabische Halbinsel bis nach Pakistan bzw. Südosteuropa. Es sind etwa 11 Arten bekannt.

Trapelus mutabilis (Merrem, 1820)

Verbreitung: *Trapelus mutabilis* ist von Nordafrika bis Südwestasien anzutreffen.

Lebensraum: Die Tiere bewohnen sowohl trockene Halbwüsten als auch wüstenähnliche Landschaften. Einige Angaben zum Lebensraum macht WRANGEL 1994. Er fand die Art in steinigen Halbwüsten und Sandwüsten, aber auch im Übergangsbereich zu landwirtschaftlich genutzten Flächen. In Oasen scheinen die Tiere nicht vorzukommen. Es sind hauptsächlich offene Landstriche mit wenig Versteckmöglichkeiten für eine Agame. Temperaturmessungen im Habitat ergaben 7 °C um 6.00 Uhr und 42 °C in der Sonne um 14.00 Uhr, wobei die Lufttemperatur 25 bis 27 °C betrug.

Größe: Mit einer Gesamtlänge von 25 cm sind die Tiere ausgewachsen.

Dabei nimmt der Schwanz mehr als die Hälfte der Gesamtlänge ein.

Kennzeichen: Die Grundfärbung ist sandfarben mit dunkelbraunen Flecken und Streifen. Die Männchen zeigen bei Erregung eine kräftig blaue Kehle und blaue Flanken.

Terrarium: Typen C und D. Es kommt nur ein trockenes Wüstenterrarium in Frage. Die Rückwand und die Seiten können als Felswände hergerichtet werden. Einige größere Steine und eine Wurzel werden als Versteckplätze eingebracht. Die Temperaturen liegen tagsüber bei 22 bis 35 °C und erreichen unter einem Strahler 45 °C. In der Nacht fallen sie auf 15 bis 20 °C ab. Eine mehrwöchige Winterruhe bei Werten unter 12 °C ist für diese Art sinnvoll. Die Größe des Terrariums ist mit 0,2 m^3 für ein Pärchen ausreichend. Hierbei ist die Grundfläche ausschlaggebend. Der Bodengrund besteht aus einer 5 cm hohen Sandschicht.

Haltung und Zucht: In größeren Terrarien kann auch ein Männchen mit mehreren Weibchen gepflegt werden. Das Terrarium wird zweimal in der Woche überbraust. Einige Wochen nach der Winterruhe beginnen sich die Tiere zu paaren. Die Männchen halten sich dabei durch einen Nackenbiß fest und werden von den Weibchen bis zu ca. 30 Minuten durch das Terrarium getragen. Die eigentliche Kopulation dauert nur 35 Sekunden. Nach ca. 4 Wochen legen die Weibchen ihre 8 bis 12 Eier in feuchtem Sand ab. Hierfür kann man eine Schale mit einem feuchten Torf-Sand-Gemisch bereitstellen. Die Eier werden in feuchtem Vermiculite bei 27,5 bis 30 °C gezeitigt. Nach 54 bis 57 Tagen schlüpfen die Jungtiere. Bei niedrigeren Temperaturen dauert die Entwicklung etwas länger. Die Aufzucht der 70 bis 80 mm großen Jungtiere bereitet keine Probleme. Nach einem halben Jahr sind die Männchen bereits an den sich entwickelnden Hemipenis und Präanalporen sowie an der typischen Färbung zu erkennen.

Futter: Heimchen, Grillen, Wachsmotten und deren Raupen, Zophobas, Mehlwürmer, Heuschrecken und kleine Schaben. Darüber hinaus wird auch vegetarische Kost nicht verschmäht, zum Beispiel Salat, Vogelmiere und Weintrauben.

Trapelus ruderatus (Olivier, 1804)

Verbreitung: Das Verbreitungsgebiet von *Trapelus ruderatus* reicht von der Türkei über das nördliche Arabien bis nach Pakistan.

Lebensraum: Es sind überwiegend trockene und steinige Gebiete mit sehr extremen Temperaturunterschieden. Je nach Verbreitungsgebiet kommt es nicht nur zu erheblichen Tag-Nacht-Schwankungen, sondern auch zu jahreszeitlichen Änderungen, die im Winter sogar Schnee bringen können.

Größe: Dies ist eine kleine Agamenart, welche mit einer Gesamtlänge von 7 bis 8 cm bereits ausgewachsen ist.

Kennzeichen: Die Grundfärbung ist hellbeige bis grau mit dunkleren Flecken auf der Oberseite, die zu einer Querbänderung zusammenlaufen können. Die Männchen bekommen in der Paarungszeit eine leuchtend blaue Kehle. Darüber hinaus sind sie an den gut entwickelten Hemipenistaschen zu erkennen.

Terrarium: Typ D. Der Bodengrund besteht aus grobem Sand mit einigen größeren Steinen. Die Rückwand und die Seitenwände können als Felsaufbau hergerichtet werden. Einige Äste sollten in Schräglage eingebracht werden. Unter einem Strahler sollten lokal ca. 45 °C erreicht werden, damit die Tiere ihre Vorzugstemperatur erreichen können. In der Nacht kann die Temperatur auf unter 20 °C fallen. Eine mehrwöchige Winterruhe muß bei *Trapelus ruderatus*

eingehalten werden. Die Größe des Terrariums ist mit 0,2 m³ für ein Pärchen ausreichend. Hierbei kommt der Bodenfläche entscheidende Bedeutung zu.

Haltung und Zucht: Frisch importierte Tiere können sehr empfindlich sein. Wahrscheinlich liegt dies am Wassermangel während des Transportes. Die Agamen sollten daher in der ersten Zeit häufiger besprüht oder getränkt werden. Die Paarung wird durch einen Flankenbiß des Männchens eingeleitet. Die Weibchen vergraben ihre Eier im feuchten Sand. Ein Gelege kann aus 4 bis 14 Eiern bestehen, was vom Alter und von der Größe der Weibchen abhängt. Die Eigröße bei einem Gelege mit 11 Eiern betrug 11 × 8 mm. Bei einer Zeitigungstemperatur von 28 °C schlüpften die Jungtiere nach 38 Tagen. Gezeitigt wurden die Eier freiliegend auf einem Drahtgeflecht, welches sich in einer geschlossenen, im unteren Bereich mit Wasser gefüllten Plastikdose befand. Beim Schlupf wiesen die Jungtiere eine Größe von 48 bis 50 mm auf, und einige von ihnen gingen bereits am ersten Tag ans Futter. Ein tägliches Sprühen am Morgen und am Abend deckt den Wasserbedarf der Tiere. Ein Behälter mit frischem Wasser, in dem die Tiere noch stehen können, muß immer vorhanden sein. Die Aufzucht der Jungtiere bereitet keine Probleme. Futtertiere, die nicht verzehrt wurden, sollte man aus dem Terrarium entfernen, da sie sonst die Tiere anfressen können.

Futter: Heimchen, Grillen, Wachsmotten und deren Raupen, Heuschrecken, Mehlwürmer und Zophobas. Es wird auch in geringen Mengen pflanzliche Nahrung angenommen.

Tympanocryptis Peters, 1863

In dieser Gattung sind die kleinsten australischen Agamen enthalten. Alle 8 Arten und 7 Unterarten sind für Australien endemisch.

△ *Trapelus mutabilis.*

▽ *Trapelus ruderata.*

△ *Tympanocryptis intima.*

▽ *Uromastyx acanthinura.*

141

Tympanocryptis intima Mitchell, 1948
Taubagame

Verbreitung: Diese Art lebt im mittleren Australien.

Lebensraum: Es werden schwere Böden mit einem spärlichen Bewuchs bevorzugt. Tagsüber sind Temperaturen von über 40 °C im Schatten keine Seltenheit. Die Tiere benutzen höhere Steine oder Holz als Sonn- und Aussichtsplätze.

Größe: Mit einer Gesamtlänge von ca. 125 mm sind die Tiere ausgewachsen. Hierbei entfallen ca. 50 bis 60 mm auf den Körper.

Kennzeichen: Die Grundfärbung ist ein kräftiges Rot- bis Graubraun. Eine dunkle Pigmentierung kann sich über die vordere Flanke ziehen. Die Extremitäten und der Schwanz können dunkel gebändert oder gefleckt sein. Die weiße Unterseite ist bei den Männchen gelegentlich mit einer feinen braunen Fleckenzeichnung der Kehle und Brust versehen.

Terrarium: Typ C. Auf etwas höher stehende Steine wird ein Strahler gerichtet, der diese auf ca. 35 °C erwärmt. Für ein Paar reicht ein Terrarium von 0,5 m³ völlig aus, jedoch muß für ausreichende Versteckmöglichkeiten gesorgt werden. Eine Winterruhe entfällt bei dieser Art. Der Bodengrund besteht aus einer ca. 5 cm hohen Sandschicht. Eine Bepflanzung kann in Schalen eingesetzt werden.

Haltung und Zucht: Die Haltung ist problemlos, doch über eine erfolgreiche Zucht liegen noch keine Erfahrungen vor.

Futter: Heimchen, Grillen, Wachsmotten und deren Raupen, kleine Schaben und kleine Zophobas.

Uromastyx Merrem, 1820
Dornschwanzagame

Alle Arten dieser Gattung leben in trockenen, vegetationsarmen Steppen- und Sandgebieten. Man sieht sie am Tage häufig in der Nähe ihrer tiefen selbstgegrabenen Höhlen. Diese enden in einer Tiefe, in der der Sand immer feucht ist. Der kurze, mit spitzen Wirteln bedeckte Schwanz dient auch als Fettreserve. Einige Wissenschaftler fassen die beiden Gattungen *Uromastyx* und *Leiolepis* als eigene Unterfamilie zusammen. Bisher unterscheidet man 9 verschiedene Arten mit einigen Unterarten. Wer sich näher mit diesen Tieren beschäftigen will, sollte sich das Buch von WILMS, 1995, zulegen.

Uromastyx acanthinura Bell, 1825

Verbreitung: Während *Uromastyx acanthinura acanthinura* im Nordwesten von Afrika verbreitet ist, haben sich in anderen Gebieten verschiedene Unterarten entwickelt. Nach WILMS, 1995, kommt *U. a. geyri* vom südlichen Algerien bis Niger vor. Es handelt sich hierbei um einen Endemiten der zentralsaharischen Gebirge Hoggar und Air. Dagegen bewohnt *U. a. dispar* die Wüstengebiete westlich des Nils im Sudan sowie Teile des Tibesti- und Ennedi-Gebirges im Tschad.

Lebensraum: Alle Tiere leben in trockenen, steppenartigen Sand- oder Steinwüsten mit spärlicher Vegetation. Tagsüber halten sich die Tiere in der Nähe ihrer Wohnhöhlen auf. Am Boden sind Tagestemperaturen von mehr als 50 °C in einigen Gebieten normal. In der Nacht fallen die Werte unter 20 °C. In den Wohnhöhlen herrscht ein etwa gleichbleibendes Klima, hierhin ziehen sich die Tiere bei zu hohen Temperaturen genauso wie in den kalten Nächten zum Schlafen zurück. Je nach Herkunft halten die Tiere in den Monaten November bis Februar einen längeren Winterschlaf.

Größe: Je nach Verbreitungsgebiet können die Tiere eine Gesamtlänge von über 40 cm erreichen. Die Weibchen bleiben meistens etwas kleiner als die Männchen.

Kennzeichen: Die Oberseite ist mit vielen dunklen Punkten und Strichen versehen, welche zu einem Netz- oder Wurmmuster verschmelzen. Die Grundfärbung reicht von braun über gelb und grün bis hin zu einem kräftigen Rot. Dazwischen können alle Übergänge vorkommen. Der Körper ist stark abgeflacht und der Schwanz mit langen, spitzen Wirteln versehen. Die kurzen, kräftigen Beine tragen an den Fingern und Zehen gut ausgebildete Krallen.

Terrarium: Typ D. Wer die Möglichkeit hat, sollte den Tieren im Terrarium eine Stelle mit einer 30 bis 50 cm hohen Sandschicht anbieten. Diese wird im unteren Bereich immer feucht gehalten. Hierfür steckt man bis auf den Boden reichende Rohre in den Sand, und füllt dort immer wieder Wasser nach. Zusätzlich werden einige Versteckplätze aus Kork- oder Tonröhren angeboten. Ein Felsenaufbau, der auf keinen Fall untergraben werden darf, bietet den Tieren weitere Versteck- und Klettermöglichkeiten. Die Bodenfläche für ein Pärchen sollte ca. 1 m^2 betragen. Unter einem Strahler muß die Temperatur auf ca. 40 bis 45 °C ansteigen. Heizkabel im Boden müssen so geschützt liegen, das die Tiere nicht damit in Berührung kommen können. Im übrigen Terrarium sollten die Werte zwischen 25 und 30 °C liegen. In der Nacht können sie auf 24 bis 27 °C abfallen. Während der Wintermonate wird die Temperatur auf 12 bis 18 °C gesenkt und die Beleuchtung auf 9 Stunden reduziert. In dieser Zeit wird das Terrarium ein- bis zweimal pro Woche leicht überbraust.

Haltung und Zucht: Es kann ein Männchen mit mehreren Weibchen zusammen gepflegt werden. Ungefähr einen Monat nach der Winterruhe, die etwa Ende Februar zu Ende geht, beginnen die Tiere sich zu paaren. Das Weibchen wird während der Kopulation vom Männchen durch einen Biß in den Halsbereich festgehalten. Die Tiere paaren sich mehrmals täglich. Ca. 4 bis 6 Wochen später legt das Weibchen die 6 bis 18 Eier an einer geschützten Stelle ab. Sie werden im feuchten Sand vergraben. Ihre Zeitigung erfolgt in einem Brutapparat bei 30 bis 34 °C. Die Eier können in leicht feuchtem Sand oder auch in Vermiculite gezeitigt werden. Das Substrat darf aber nicht zu naß sein, da sie sonst verpilzen. Die Jungtiere schlüpfen nach 72 bis 100 Tagen. Bei niedrigeren Temperaturen oder größerem Gefälle schlüpfen die Tiere auch wesentlich später. Sie gehen schon nach 2 bis 3 Tagen ans Futter. Es ist überwiegend tierische Nahrung, welche die Nachzuchten aufnehmen, aber auch pflanzliche Kost wird zwischendurch genommen. Mit zunehmendem Alter nimmt der Anteil pflanzlicher Kost zu.

Futter: Es werden alle üblichen Futtertiere gefressen. Als pflanzliche Kost kann man jahreszeitlich verfügbare Pflanzen anbieten, also Wegerich, Löwenzahn, Sauerampfer, Klee, Gänseblümchen usw. Darüber hinaus fressen die Tiere alle Salatarten, Melisse, Karottenstücke sowie verschiedene Obstsorten. Eine Schüssel mit Linsen, Erbsen, Sonnenblumenkernen, Mais, Weizen und Hirse sollte den Tieren immer wieder angeboten werden.

Uromastyx aegyptia (Forskál, 1775)

Verbreitung: Während *Uromastyx a. aegyptia* östlich des Nils im nördlichen Ägypten, auf der Sinai-Halbinsel und in Israel vorkommt, findet man die Unterart *U. a. microlepis* auf der arabischen Halbinsel vom Irak bis nach Oman.

Lebensraum: Er reicht von trockenen Halbwüsten bis hin zu reinen Wüstengebieten. Im Boden werden bis zu 10 m

△ *Uromastyx aegyptia.*

▽ Terrarium für Wasseragamen.

Terrarienanlage bei einem der Verfasser.

lange Gänge gegraben. Die Temperaturen liegen in den Sommermonaten über 40 °C und sinken im Winter unter 10 °C.

Größe: Mit durchschnittlich 75 cm Gesamtlänge gehört diese Art zu den größten Vertretern dieser Gattung.

Kennzeichen: Je nach Temperatur können die Tiere sehr hell- oder dunkelgrau gefärbt sein. Bei hohen Temperaturen sind sie hellbraun mit einer schwarzen Kehle, und im Nackenbereich befinden sich einige schwarze Flecken. Jungtiere besitzen eine Fleckenzeichnung, die in eine Wellenzeichnung übergehen kann.

Terrarium: Typ D. Für ein Paar sollte eine Grundfläche von 2 m² vorhanden sein. Der Bodengrund besteht aus einem Sand-Lehm-Gemisch und sollte an einigen Stellen 20 bis 30 cm hoch sein. Einige künstliche Höhlen werden von den Tieren gern angenommen. Auf eine Bepflanzung muß verzichtet werden, da die Tiere alles an- bzw. auffressen. Unter Spotstrahlern muß stundenweise eine Temperatur von 45 bis 50 °C erreicht werden. In der Nacht reichen Werte um 20 °C aus.

Haltung und Zucht: Die Tiere benötigen eine Winterruhe von November bis

Februar, wobei die Temperaturen am Tage auf 20 °C ansteigen können. Die normale Aktivität setzt bei Temperaturen ab 30 °C ein. Nach der Winterruhe beginnen die Tiere zu balzen, und nach einigen Wochen beginnen sie sich zu paaren. Die Weibchen legen ihre Gelege in selbstgegrabenen Höhlen ab. Schon 2 Wochen vorher beginnen sie mit ihrer Grabetätigkeit. Die Eiablage erfolgt in den Monaten April bis Juni. Es können bis zu 41 Eier abgelegt werden. In der Regel sind es aber bedeutend weniger. Für ein Gelege von 18 Eiern gibt WILMS, 1996, ein Durchschnittsgewicht von 12,9 g und eine Eigröße von 42×24 mm an. Bei einer Zeitigungstemperatur von 35 °C benötigen die ca. 117 mm großen Jungtiere bis zum Schlupf ca. 60 Tage. Die Geschlechtsreife setzt nach 4 bis 6 Jahren ein.

Futter: Es sind überwiegend Pflanzenfresser, die in der Natur gelegentlich auch eine Heuschrecke oder einen Käfer erbeuten.

Übersicht über die derzeit anerkannten Agamengattungen:

Gattungen	Arten	Vorkommen	Lebensraum
Acanthocercus	ca. 8	Arabien, Ostafrika	trocken-halbtrocken
Acanthosaura	4	Asien	feucht
Agama	ca. 15	Afrika	trocken–feucht
Amphibolurus	8	Australien	trocken–halbtrocken
Aphaniotis	4	Asien	feucht
Brachysaura	1	Pakistan, Indien	trocken
Bronchocela	7	Asien	feucht
Caimanops	1	Australien	trocken
Calotes	ca. 20	Asien	feucht
Ceratophora	3	Sri Lanka	feucht
Chelosania	1	Australien	feucht
Chlamydosaurus	1	Australien, Neuguinea	halbtrocken–feucht
Cophotis	1	Sri Lanka	feucht
Coryphophylax	1	Nikobaren, Andamanen	feucht
Cryptagama	1	Australien	trocken
Ctenophorus	ca. 21	Australien	trocken
Dendragama	1	Sumatra	feucht
Diporiphora	ca. 16	Australien, Neuguinea	halbtrocken–feucht
Draco	ca. 20	Asien	feucht
Gonocephalus	ca. 17	Asien	feucht
Harpesaurus	4	Sumatra, Java, Insel Nias	feucht
Hydrosaurus	2–4	Asien	feucht
Hylagama	1	Borneo	feucht
Hypsilurus	ca. 13	Australien, Neuguinea	feucht
Japalura	ca. 24	Asien	feucht
Laudakia	ca. 25	Europa, Asien	halbtrocken
Leiolepis	ca. 5	Asien	halbtrocken–feucht
Lophocalotes	1	Sumatra	feucht
Lophognathus	3	Australien, Neuguinea	feucht
Lyriocephalus	1	Sri Lanka	feucht
Mictopholis	1	Indien	feucht
Moloch	1	Australien	trocken
Oriocalotes	1	Indien	feucht
Otocryptis	2	Indien, Sri Lanka	feucht
Poxophrys	5	Borneo, Sumatra	feucht
Phrynocephalus	ca. 40	Europa, Arabien, Asien	trocken–halbtrocken
Physignathus	2	Asien, Australien	feucht
Pogona	7	Australien	trocken–halbtrocken
Psammophilus	2	Indien	trocken
Pseudocalotes	6	Asien	feucht
Pseudotrapelus	1	Arabien, Nordostafrika	trocken–halbtrocken
Ptyctolaemus	2	Asien	halbtrocken
Salea	4	Asien	feucht
Sitana	1	Indien, Sri Lanka	trocken
Thaumatorhynchus	1	Sumatra	feucht
Trapelus	ca. 11	Europa, Nordafrika, Asien	trocken–halbtrocken
Tympanocryptis	ca. 10	Australien	trocken
Uromastyx	ca. 14	Afrika, Arabien, Vorderasien	trocken–halbtrocken
Xenagama	2	Somalia	trocken–halbtrocken

Literatur

Ananjewa, N.B. (1981) in: Böhme W. (Hrsg.): Handbuch der Reptilien und Amphibien Europas: *Phrynocephalus* Kaup, 1825 – Krötenkopfagamen. – Band 1: 178–179.

Ananjewa, N.B. (1981) in: Böhme W. (Hrsg.): Handbuch der Reptilien und Amphibien Europas: *Phrynocephalus guttatus* (Gmelin, 1789) – Gefleckter Krötenkopf. – Band 1: 180–190.

Ananjewa, N.B. (1981) in: Böhme W. (Hrsg.): Handbuch der Reptilien und Amphibien Europas: *Phrynocephalus helioscopus* (Pallas, 1771) – Sonnengucker. – Band 1: 191–202.

Ananjewa, N.B. (1981) in: Böhme W. (Hrsg.): Handbuch der Reptilien und Amphibien Europas: *Phrynocephalus mystaceus* (Pallas, 1776) – Bärtiger Krötenkopf. – Band 1: 203–216.

Anderson, S.C. (1963): Amphibians and Reptiles from Iran. – Proc. Calif. Acad. Sci., 31: 417–498.

Annandale, N. (1912): Eggs and young of the lizard *Calotes nigrilabris*. – Spolia Zeylanica, Colombo, 24(3): 135–136.

Badham, J.A. (1976): The *Amphibolurus barbatus* species-group. – Austr. J. Zool., 24: 424–443.

Baehr, M. (1976): Beobachtungen zur bipeden Fortbewegung bei der australischen Agame *Physignatus longirostris*. – Stuttg. Beitr. zur Naturkunde, 291: 1–7.

Bartelt, U. (1995): Bemerkungen zur Haltung und Nachzucht der Hochlandagame *Ceratophora stoddartii* Gray, 1834 (Sauria: Agamidae). – Sauria, Berlin, 17(4): 11–16.

– (1996): *Ceratophora stoddartii:* Ein „Nashorn" im Terrarium. – DATZ, Stuttgart, 49(6): 376–379.

Bech, R. & U. Kaden (1990): Echsen. – Urania Verlag, Leipzig.

Beutler, A. (1981) in: Böhme W. (Hrsg.): Handbuch der Reptilien und Amphibien Europas: *Agama stellio* (Linnaeus, 1758) – Hardun. - Band 1: 161–177.

Böhme W. (Hrsg.) (1981): Handbuch der Reptilien und Amphibien Europas. – Akademische Verlagsges., Wiesbaden.

– (1982): Über Schmetterlingsagamen, *Leiolepis b. belliana* (Gray, 1827) der malayischen Halbinsel und ihre parthenogenetischen Linien. – Zool. Jb. Syst., 109: 157–169.

– (1989): Rediscovery of the Sumatran agamid lizard *Harpesaurus beccarii* Doria, 1988, with first notes on a live specimen. – Tropical Zool., 2: 31-35.

– (1990): Buchbesprechung. – Zeitschrift für zoologische Systematik und Evolutionsforschung, 28 (4): 315–316.

Broer, W. & H.G. Horn (1985): Erfahrungen bei der Verwendung eines Motorbrüters zur Zeitigung von Reptilieneiern. – Salamandra, Bonn, 21(4): 304–310.

Burmeister, E.G. (1989): *Agama mwanzae* erbeutet einen Finken. – DATZ, Stuttgart, 12: 635.

Bustard, H.R. (1966): Notes on eggs, incubation and young of the Bearded Dragon; *Amphibolurus barbatus barbatus*. – Brit. J. Herpet., 3(19): 252–259.

Charnier, M. (1965): Le cycle sexuel chez le lezard male *Agama agama,* dans la region de Dakar. – Annals of the Faculty Science, Dakar, 18: 33–59.

– (1966): Action de la temperature sur la sex-ratio chez l'embryon d'*Agama agama.* – Soc. Biol. Ouest Afr. 160: 620–622.

Chopra, R.N. (1964): Observation on the egg-laying of the fanthroated lizard. Sitana *ponticeriana* Cuvier. - J. Bombay Nat. Hist., 61(1): 190–191.

Cogger, H.G. (1975): Reptiles and Amphibians of Australia. – Reed, London.

Crews, D. (1994): Geschlechtsausprägung bei Wirbeltieren. – Spektrum der Wissenschaften, Heidelberg, 3: 54–61.

Daniel, J.C. (1983): The Book of Indian Reptiles. – Oxford Univ. Press, Bombay.

Darevsky, I. & L. Kupriyanova (1993): Two new all-female lizard species of the genus *Leiolepis* Cuvier, 1829 from Thailand and Vietnam. – Herpetozoa, Wien, 6(1/2): 3–20.

Dedekind, K. & H.-G. Petzold (1982): Zur Haltung und Nachzucht der hinterindischen Wasseragame *(Physignatus cocincinus)* im Tierpark Berlin. – Zool. Garten N.F., Jena, 52(1): 29–45.

Engelmann, W.-E., F. Fritsche, R. Günther & F.J. Obst (1985): Lurche und Kriechtiere Europas. – Neumann, Radebeul.

Erdelen, W. (1984): The genus *Calotes* (Sauria, Agamidae) in Sri Lanka distribution patterns. – J. of Biogeography, 11: 515–525.

Esterbauer, H. (1988): Ökologische und verhaltensbiologische Beobachtungen an *Agama stellio brachydactyla* Haas, 1955, in Transjordanien. – elaphe, Berlin, 10(3): 49–51.

Frost, D. R. & R. Etheridge (1989): A Phylogenetic Analysis and Taxonomy of Iguanian Lizards (Reptilia: Squamata). – Univ. Kansas Museum Nat. Hist. Misc. Publications No. 81.

Gaulke, M. (1989): Einige Bemerkungen über die philippinische Segelechse *Hydrosaurus pustulatus* (ESCHOLZ, 1829). – herpetofauna, Weinstadt, 11(62): 6–12.

Henkel, F. W. & S. Heinecke (1993): Chamäleons im Terrarium. – Landbuch-Verlag, Hannover.

Henkel, F. W. & W. Schmidt (1991): Geckos. – Ulmer Verlag, Stuttgart. – (Hrsg.) (1995): Farbatlas der Amphibien und Reptilien Madagaskars, der Komoren, der Seychellen und der Maskarenen. – Ulmer Verlag, Stuttgart.

– (1996): Terrarien – Bau und Einrichtung. – Ulmer Verlag, Stuttgart.

Hielscher, M. (1989): Haltung und Nachzucht der australischen Zwergbartagame *Pogona minima*. – elaphe, 11(2): 21–24.

Houston, T.F. (1974): Revision of the *Amphibolurus decresii*-complex in South Australia. – Trans. Roy Soc., 98(2): 49–60.

Inger, R. F. (1983): Morphological and ecological variation in the flying lizards (Genus *Draco*). – Fieldiana Zool., Chicago, new ser. 18: 1–35.

Ippen, R., H. D. Schröder & K. Elze (1985): Handbuch der Zootierkrankheiten, Band 1 Reptilien. – Akademie Verlag, Berlin.

Isenbügel, E. & W. Frank (1985): Heimtierkrankheiten. – Ulmer Verlag, Stuttgart.

Jamdar, N. (1985): A note on the habits and breeding of the flying lizards (Genus *Draco*). – Fieldiana Zool., Chicago, new ser., 18: 1–35.

Johnston, G. R. (1979): The eggs, incubation and young of the Bearded Dragon *Amphibolurus vitticeps*. – Herpetofauna, 11(1): 5–8.

Kästle, W. (1966): Beobachtungen an ceylonesischen Taubagamen *(Cophotis ceylanica)*. – Salamandra, Frankfurt, 2(3): 78–87.

Kiehlmann, D. (1980): Über die Lyrakopfagamen, *Lyriocephalus scutatus* (Linnaeus, 1758). – herpetofauna, Ludwigsburg, 2(8): 12–18.

Klage, H. G. (1982): Pflege und Nachzucht der australischen Bodenagame *Amphibolurus nuchalis*. – Salamandra, Frankfurt, 18(1/2): 65–70.

Kopstein, F. (1938): Ein Beitrag zur Eierkunde und Fortpflanzung der malaiischen Reptilien. – Bull. Raffles Mus., Singapur, 14: 81–167.

Krasula, K. (1988): Haltung und Zucht der Segelechse *Hydrosaurus pustulatus*. – herpetofauna, Weinstadt, 10(53): 30–34.

Küppers-Heckhausen, C. & T. Ackermann (1995): Über die Haltung und Zucht des Indischen Dornschwanzes *(Uromastyx hardwickii)* im Terrarium. – Salamandra, Frankfurt, 31(2): 65–78.

Lazell, J. (1992): New Flying Lizards and predictive Biogeography of two Asian Archipelagos. – Bull. Mus. Com. Zool., Cambridge, 152(9): 475–505.

Leviton, A. E., S. C. Anderson, K. Adler & F. A. Minton (1992): Handbook to Middle East. – Constribution to herpetology, New York, Nr. 8: 1–252.

Mandel, G. & H. Klockenhoff (1972): Beobachtungen an Kaukasusagamen *Agama c. caucasia* in Afghanistan. – Aquaterra, Biberist, 9: 3–7.

Maning, A. (1991): Notes on the nesting, incubation and hatching of the southern angle headed dragon, *Hypsilurus spinipes* (Squamata, Agamidae). – Herpetofauna, 21(2): 15–19.

Manning, A. & H. Ehmann (1991): A study of the activity and behaviour of the southern angleheaded dragon using the spool tracking technique. – Herpetofauna, 21(1): 5–14.

Manthey, U. (1985): *Calotes versicolor* (Daudin). – Sauria, Berlin, 7(1): Amph. Rept. Kartei: 3–6.

– (1985): *Otocryptis wiegmanni* Wagler. – Sauria, Berlin, 7(2): Amph. Rept. Kartei: 11–12.

– (1990): *Harpesaurus beccarii* Doria. – Sauria, Berlin, 12(3): 1–2.

Manthey, U. & W. Denzer (1991): Die Echten Winkelkopfagamen der Gattung *Gonocephalus*. I. Die *megalepsis*-Gruppe mit *Gonocephalus lacunosus* sp. n. aus Nord-Sumatra. – Sauria, Berlin, 13(1): 3–10.

– (1991): Die Echten Winkelkopfagamen der Gattung *Gonocephalus*. II. Allgemeine Angaben zur Biologie und Terraristik. – Sauria, Berlin, 13(2): 19–22.

– (1991): Die Echten Winkelkopfagamen der Gattung *Gonocephalus*. III. *Gonocephalus grandis*. – Sauria, Berlin, 13(3): 3–10.

– (1992): Die Echten Winkelkopfagamen der Gattung *Gonocephalus*. IV. *Gonocephalus mjoebergi* und *Gonocephalus robinsonii*. – Sauria, Berlin, 14(1): 15–19.

– (1992): Die Echten Winkelkopfagamen der Gattung *Gonocephalus*. V. Die *bellii*-Gruppe. – Sauria, Berlin, 14(3): 10–20.

– (1992): Die Echten Winkelkopfagamen der Gattung *Gonocephalus*. VI. Die *chamaeleontinus*-Gruppe. – Sauria, Berlin, 14(4): 3–10.

Manthey, U. & W. Großmann (1994): Gleitflug bei *Bronchocela cristella*. - Sauria, Berlin, 16(3): 37–38.

Manthey, U. & N. Schuster (1992): Agamen. – Terrarien Bibliothek, Münster.

Mell, R. (1952): Bodenrenner im subtropischen Bergwald – Der Nackenstachler *(Gonocephalus lepidogaster).* – Aqua. Terr. Zeitschrift, Stuttgart, 5(6): 160–163.

Mertens, R. (1961): Die Rassen der Schmetterlingsagame *Leiolepis belliana.* – Senck. Biol., Frankfurt, 42: 507–510.

Minton, S. (1966): A constribution to the Herpetology of West Pakistan. – Bull. Mus. Nat. Hist., New York, 134(2): 29–134.

Moody, S. (1980): Phylogenetic and historical biogeographical relationship of the genera in the family Agamidae (Reptilia: Lacertilia). – Ph. D. Thesis, University of Michigan at Ann Arbour.

Musters, C. (1983): Taxonomy of the genus *Draco.* – Zool. Verh. Leiden, 199: 1–120.

Necas, P & M. Barts (1994): Die Hadramautagame *Acanthocercus adramitanus* – Systematik, Biologie und Vermehrung im Terrarium. – Sauria, Berlin, 16(1): 3–9.

Orlowa, W. F. (1981) in: Böhme W. (Hrsg.): Handbuch der Reptilien und Amphibien Europas: *Agama caucasia* (EICHWALD, 1831) – Kaukasus-Agame. – Band 1: 136–148.

– (1981) in: Böhme W. (Hrsg.): Handbuch der Reptilien und Amphibien Europas: *Agama sanguinolenta* (PALLAS, 1814) – Steppenagame. – Band 1: 149–160.

Ortner, A. (1989): Pflegebedingungen und Nachzucht der nordafrikanischen Dornschwanzagame. – herpetofauna, Weinstadt, 11(59): 11–16.

– (1989): Wiederholte Nachzucht der nordafrikanischen Dornschwanzagame. – herpetofauna, Weinstadt, 11(63): 20–21.

Peters, G. (1971): Die intragenerischen Gruppen und die Phylogenese der Schmetterlingsagamen. – Zool. Jb., Jena, 98: 11–130.

– (1984): Die Krötenkopfagamen Zentralasiens. – Mitt. zool. Mus. Berlin, 60(1): 23–67.

Pianka, E. R. (1971): Notes on the biology of *Amphibolurus cristatus* and *Amphibolurus scutulatus.* – W. Aust. Nat., 12: 36–41.

Pflugmacher, S. (1984): Haltung und Zucht der australischen Bartagame *Amphibolurus vitticeps.* – Sauria, Berlin, 6(3): 9–11.

Pope, C. H. (1935): The reptiles of China. Natural History of Central Asia Vol. 10. – Amer. Mus. Nat. Hist.

Prinz, H. & T. Prinz (1986): Beobachtungen an der Lyrakopfagame *(Lyriocephalus scutatus),* Ihre Haltung und Aufzucht. – herpetofauna, Weinstadt, 8(43): 28–34.

Rao, M. & B. Rajabai (1972): Reproduction in the ground lizard, *Sitana ponticeriana* and the garden Lizard, *Calotes nemoricola.* – Brit. J. Herp., 4(10): 245–250.

– (1972): Ecological aspects of the agamid lizards, *Sitana ponticeriana* and *Calotes nemoricola* in India. – Herpetologica, 28(3): 285–289.

Reisinger, M. (1995): Erfahrungen bei der Haltung und Vermehrung der Kragenechse *Chlamydosaurus Kingii.* – elaphe, Rheinbach, 3: 16–20.

Schmidt, H. (1966): *Agama atricollis* subsp. Inc. Aus der Serengeti. – Salamandra, Frankfurt, 2 (3): 57–68.

Schmidt, W. & F. W. Henkel (1995): Leguane. – Ulmer Verlag, Stuttgart.

– (1995): Pfeilgiftfrösche im Terrarium. – Landbuch-Verlag, Hannover.

Schröder, W. (1965): Über die Lebensweise des indischen Dornschwanzes. – Sitz. Ber. Ges. Naturf., Freunde Berlin, n. F. 4(2): 39–43.

Senanayake, F. R. (1979): Notes on the lizards of the genus *Ceratophora.* – Loris, Colombo, 15(1): 18–19.

Smith, J. (1979): Notes on incubation and hatching of eggs of the eastern Water Dragon. – Herpetologica, 10(2): 12–14.

Smith, M. A. (1935): The fauna of British India, Ceylon and Burma. Reptilia und Amphibia. Vol. II Sauria. – Taylor & Francis, London.

Steiof, C., U. Manthey & W. Denzer (1991): *Acanthosaura armata.* – Sauria Supp., Berlin, 13(1–4): 217–222.

Taylor, E. H. (1922): The lizards of the Philippine Islands. – Bureau of Printing, Manila.

– (1922): Additions to the herpetological fauna of the Philippine Islands. – Bureau of Printing, Manila.

– (1951): Egg-laying behaviour of an Oriental agamid lizard. – Herpetologica, 7(2): 59–60.

– (1963): The lizards of Thailand. – Kans. Univ. Sci. Bull., Lawrence, 44: 687–1077.

Visser, G. (1984): Husbandry and reproduction of the Sail-Tailed lizard, *Hydrosaurus amboinensis,* at Rotterdam Zoo. – Acta Zool. Path., Antwerpen, 78: 129–148.

Wegner, U. (1980): Kaukasusagamen *(Stellio caucasia)* im Terrarium. – Sauria, Berlin, 12(2): 7–9.

Wermuth, H. (1967): Liste der rezenten Amphibien und Reptilien: Agamidae. – Das Tierreich, Berlin, 86.

Werning, H. (1995): Wasseragamen. – Terrarien Bibliothek, Münster.

Wilms, T. (1995): Dornschwanzagamen. – Herpeton-Verlag, Offenbach,

Wrangel, R. (1994): Haltung und Nachzucht der Wüstenagame *Trapelus mutabilis* sowie einige Freilandbeobachtungen in Tunesien. – herpetofauna, Weinstadt, 16(88): 17–23.

Vit, Z. (1976): *Agama impalearis* und ihre Fortpflanzung in Gefangenschaft. – Aquarien-Terrarien, Berlin, 23(1): 12–15.

Zimmermann, E. (1983): Das Züchten von Terrarientieren. – Franckh'sche Verlagsbuchhandlung, Stuttgart.

Zwartepoorte, H. A. (1995): Pflege, Paarungsverhalten und wiederholte Nachzucht der Afrikanischen Dornschwanzagame *(Uromastyx acanthinurus)*. – elaphe, Rheinbach, 3: 21–24.

Aus der Praxis – für die Praxis

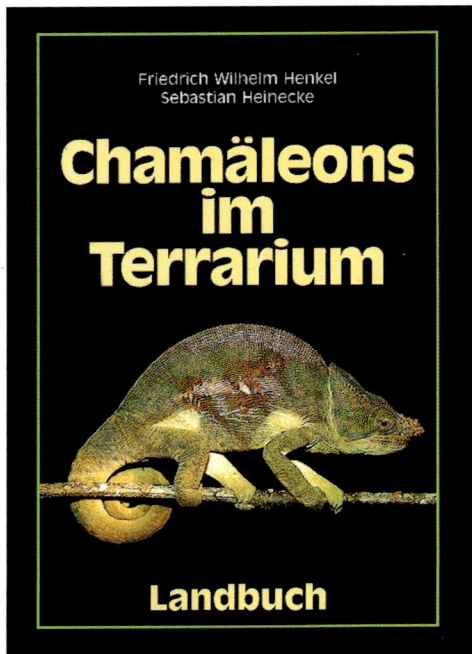

Friedrich Wilhelm Henkel
Sebastian Heinecke

Chamäleons im Terrarium

Landbuch

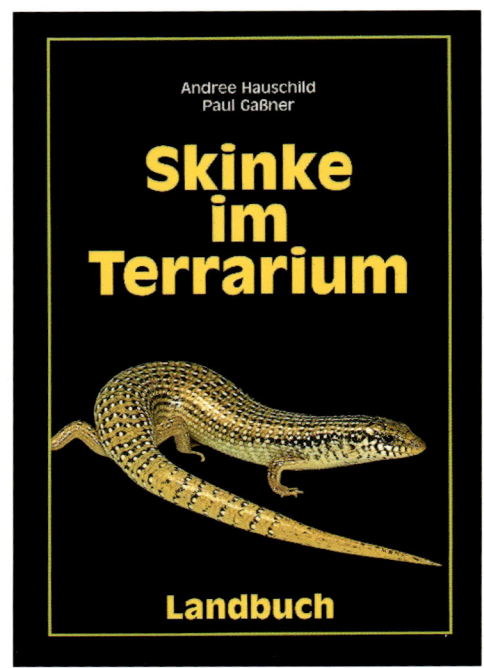

Andree Hauschild
Paul Gaßner

Skinke im Terrarium

Landbuch

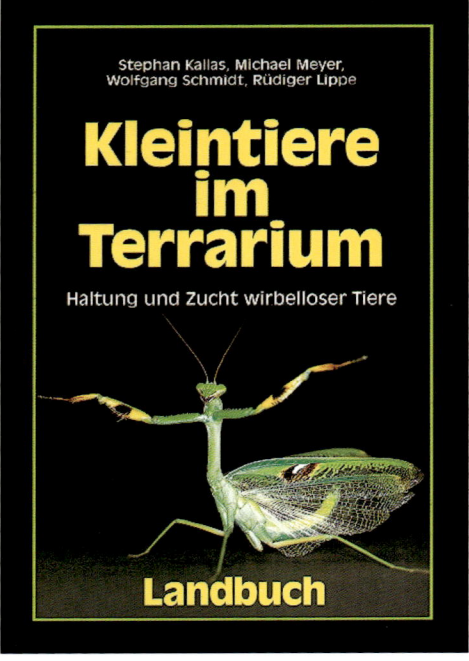

Stephan Kallas, Michael Meyer,
Wolfgang Schmidt, Rüdiger Lippe

Kleintiere im Terrarium

Haltung und Zucht wirbelloser Tiere

Landbuch

Wolfgang Schmidt
Friedrich Wilhelm Henkel

Pfeilgift- frösche im Terrarium

Landbuch